Felix Friedrich Bruck

Zur Lehre von der Fahrlässigkeit im heutigen deutschen Strafrecht

Felix Friedrich Bruck

Zur Lehre von der Fahrlässigkeit im heutigen deutschen Strafrecht

ISBN/EAN: 9783744668545

Hergestellt in Europa, USA, Kanada, Australien, Japan

Cover: Foto ©Suzi / pixelio.de

Weitere Bücher finden Sie auf **www.hansebooks.com**

Zur Lehre

von der

Fahrlässigkeit

im heutigen deutschen Strafrecht.

———

Von

Dr. Felix Fr. Bruck,

a. o. Professor der Rechte an der Universität Breslau.

Breslau.

Verlag von Wilhelm Koebner.

1885.

Dem Andenken

seiner unvergesslichen Frau

Anna Elisa Bruck, geb. Prausnitz

Der Verfasser.

Vorwort.

Eine Zusammenstellung einiger kontroverser Fragen aus der Fahrlässigkeitslehre schien mir der Veröffentlichung nicht unwerth. Sie dürfte insbesondere dem Praktiker zum Zweck schnellerer Orientierung nicht unerwünscht sein. Der Himmel gebe, dass wenigstens einigen der von mir aufgestellten Ansichten nicht das gleiche Geschick widerfahre, welches so mancher Theorie beschieden war, die in den letzten Decennien, nicht selten mit einem Aufwande vieler Worte, als neu proklamirt wurde. Erschienen doch nicht wenige dieser Theorien dem Kenner unserer Literatur als alte Bekannte — nur in neuer Maske. Anderen wirklich neuen Theorien war aber nur ein kurzes Leben beschieden.

Übrigens bitte ich nicht um die Nachsicht des Lesers, nicht etwa, weil ich solcher nicht bedürftig wäre, sondern weil ich sehr wohl weiss, dass diese Nachsicht niemals denjenigen gewährt wird, die ihrer bedürfen.

Nur den Wunsch erlaube ich mir auszusprechen, dass Fachmänner die vorgetragenen Ansichten sine ira et studio prüfen und würdigen mögen.

Johannisbad in Böhmen, im August 1885.

F. B.

Inhalt.

I. Ueber Begriff und Wesen der culpa.

§ 1.

Die Art und Grösse der Kriminalstrafe richtet sich bei den Kulturvölkern nach der Beschaffenheit der Schuld des Missethäters. Das Subjekt kann nämlich einen deliktischen Thatbestand absichtlich oder unabsichtlich, aber doch schuldhaft, herbeiführen. Die erstere, schwerere Art der Schuld wird dolus, die letztere, erheblich leichtere Schuldart culpa des Subjekts genannt. Das ungleich Schwerere der ersteren Verschuldungsart im Vergleich zur culpa liegt darin, dass der dolos Handelnde in bestimmter Richtung kausal werden will, ungeachtet seiner Kenntnis von der Schädlichkeit und der Rechtswidrigkeit der Folgen dieses Verhaltens für Andere. Der kulpos Handelnde will zwar gleichfalls kausal werden, aber er handelt entweder in Unkenntnis der Kausalität oder der Rechtswidrigkeit seines Verhaltens.

Nach der Ansicht einiger besonders der älteren Schule angehöriger Kriminalisten soll der kulpos Handelnde der Schuld ermangeln, insofern als alle Schuld nur Willensschuld sein könne. Es dürfe mithin dem Handelnden nur das zur Schuld zugerechnet werden, als dessen freie Ursache er sich selbst wusste. Bei dem durch culpa verursachten schädlichen Erfolge fehle dieser Wille. Damit soll aber auch die kriminelle Schuld und die Berechtigung zur Auflegung einer Kriminalstrafe hinwegfallen, eine Ansicht, die besonders

von Almendingen[1]) vertritt, nach dessen Auffassung die
culpa ein reiner Verstandesirrtum, ein blosser Fehler des
Perceptionsvermögens, kein Willensfehler ist. Diese Ansicht wird mit Recht von der herrschenden Anschauung verworfen. Auch bei dem kulpos Handelnden lässt sich ein
fehlerhaftes, resp. schuldhaftes Wollen erkennen. Es besteht
dasselbe, in dem Kausalwerdenwollen ohne vorangegangene
gehörige Erwägung der Folgen des in Wirklichkeit umgesetzten
Willens.[2]) Eine Willensbethätigung, d. h. eine Handlung im
Rechtssinne, ist überhaupt nur denkbar in Verbindung mit
der sie bedingenden, resp. sie leitenden Intelligenz. Beide
verschmelzen zu einer Einheit. Wenigstens kommt der
Wille, insofern er rechtserheblich sein soll, erst in Betracht,
wenn er und nur in soweit er ein intelligibler ist.[3]) Daher
richtet der Gesetzgeber seine Gebote und Verbote nur an
Zurechnungsfähige, d. h. an willensfähige und vernunftbegabte
Wesen, Wesen, die imstande sind, sich bei ihrem Wollen
durch Vernunft leiten zu lassen. Auf dieser Annahme fusst die Ansicht von der Wirksamkeit der Gesetze überhaupt. Der Gesetzgeber nimmt an, dass der durch Vernunft geleitete Wille sich in
der Weise bethätigen wird, dass Zuwiderhandlungen gegen die in
den Gesetzen enthaltenen Normen nicht vorkommen und infolgedessen Anderen schädliche Erfolge werden vermieden werden.[4])

---

[1]) Untersuchungen über das culpose Verbrechen, Giessen (1804) S. 98
flg., S. 239; in derselben Richtung bewegen sich Stelzer, über den Willen
S. 163 flg.; Werner, Handb. S. 164 flg.; Schroeter, Handb. I. § 66;
C. F. Gaertner, Finium culpae in jure criminali regundorum prolusio,
Berolini (1836) p. 28 flg.; dagegen erklären schon Klein im A. Archiv
I. 2. S. 56, Kleinschrod, System. Entw. I. § 26, Grolman in seiner
Bibliothek I. 1. S. 1 flg., 3. S. 71 flg., Feuerbach, Köstlin u. nach
diesem fast alle Neueren die culpa als Willensfehler. Dagegen wieder
neuerdings Schlossmann, der Vertrag (1876) S. 323 flg.; Hertz, das
Unrecht (Hamburg 1880) § 14.

[2]) „Die Nichtanspannung der Aufmerksamkeit, die Nichterfüllung des
Sollen, erscheint als eine Willensschuld." v. Liszt, Lehrb. (II. Aufl.)S. 164.

[3]) Dieser Qualität braucht der Wille selbst dann nicht zu ermangeln,
wenn er auf Grund einer irrtümlichen Vorstellung kausal wird.

[4]) Vgl. die Abh. Wahlberg's in den Juristischen Blättern 1882 Nr. 13.

Beide, sowohl der dolos als auch der kulpos Handelnde, haben den Willen, kausal zu werden. Dieser Wille muss stets ein von der Vernunft geleiteter sein. Beide unterscheiden sich nur dadurch, dass der dolos Handelnde kausal werden will mit der richtigen Vorstellung der möglichen Folgen seines in Wirklichkeit umgesetzten Willens und mit dem Bewusstsein, dass diese Folgen rechtswidrige sein werden, während der kulpos Handelnde kausal werden will entweder ohne dieses Bewusstsein oder doch ohne die richtige Vorstellung der Kausalität. Das Wollen bleibt im letzteren Falle ein fehlerhaftes, und falls der kulpos Handelnde seiner Kapazität nach die richtige Vorstellung und das Bewusstsein der Rechtswidrigkeit seines Verhaltens zu erzeugen imstande war, ein schuldhaftes.

Und selbst zugegeben, dass bei der culpa das Fehlerhafte nicht im Wollen, sondern nur im Nichtgebrauch der zur Erkenntnis der Folgen einer Handlung oder der zur Erkenntnis der Rechtswidrigkeit derselben erforderlichen und in concreto vorhandenen Intelligenz besteht, schwindet deshalb die Schuld und das Recht zur Strafe? Ein Grund für diese Konsequenz ist nicht ersichtlich. In beiden Fällen liegt dann das Schuldhafte in der Unterlassung einer bürgerlichen Pflicht. Der Mensch ist verpflichtet, sowohl Handlungen zu unterlassen, deren Folgen er als unrechtmässige erkannt hat, als auch seinen Willen, bevor er ihn bethätigt, auf seinen Erfolg, resp. auf die Rechtmässigkeit dieses Erfolges hin zu prüfen, entgegengesetztenfalls liegt in der Ausserachtlassung dieser Pflicht (in der Verletzung der obligatio ad diligentiam[1]) d. i. im Nichtgebrauche der zur Erkenntnis der Folgen einer Handlung oder der Rechtswidrigkeit derselben erforderlichen und in concreto vorhandenen Intelligenz) die dem Subjekte der Handlung zurechenbare Schuld. Wie Binding sagt (Normen II. S. 119): „Nicht dass der Thäter das Verbotene

---

[1] Hasse, die Culpa des römischen Rechts. 2 Ausg. Bonn (1838) Kap. 2—5.

gethan oder das Gebotene unterlassen hat, sondern dass er es gethan oder unterlassen hat, während er bei gehöriger Verwertung des Pflichtmotivs es nicht gethan und nicht unterlassen haben würde, legen wir ihm zur Last, also das normwidrige Handeln oder Nichthandeln aufgrund unterlassener Geltendmachung des Pflichtmotives."

Charakteristisch für die Anschauung aller derer, welche die Möglichkeit eines unbewusst rechtswidrigen Willens läugnen. ist übrigens die Thatsache, dass keiner von ihnen auf die Bestrafung der nach ihrer Auffassung schuldlosen kulposen Uebelthäter verzichten möchte. So sagt von Almendingen. (a. a. O.) die culpa müsse allerdings gestraft werden. damit die durch Erfahrung gewarnte Sinnlichkeit den Verstand zu grösserer Aufmerksamkeit ansporne, die Strafe der kulposen Delikte solle ein Denkzettel, ein Erfahrungsübel allerdings für einen Schuldlosen sein. Und auch Stübel,[1] Rosshirt,[2] Temme[3]) und Zerbst,[4]) welche die culpa ganz aus dem Gebiete des Strafrechts herausweisen wollten, führten sie doch wieder in dasselbe ein, indem sie die sogenannten kulposen Delikte als Polizeiübertretungen, welche auch nur Formen eines und desselben strafbaren Unrechts seien, für strafbar erklärten.

Hertz,[5]) der am konsequentesten die Idee durchführt, dass die culpa als sogenannter unbewusst rechtswidriger Wille sich ausserhalb der Schuldkategorie bewege, bekennt sich schliesslich doch unumwunden zu der Ansicht, dass sich gleichwohl die Bestrafung des ohne rechtswidriges Bewusstsein Handelnden rechtfertigen lasse, da die Wirksamkeit der den Unaufmerksamen treffenden Strafe zugestanden werden müsse.[6])

---

[1]) Im neuen Archiv VIII. S. 295 flg.
[2]) Im neuen Archiv a. a. O. S. 379.
[3]) Lehrb. 252 flg.
[4]) Im Arch. des Crim. R. (1856) S. 214. flg.
[5]) Das Unrecht (1880) § 14.
[6]) Unklar bleibt dann freilich. weshalb Hertz dem Gebote der Aufmerksamkeitspflicht jede psychologische Einwirkung auf unsern Intellekt abspricht.

Die grosse Kluft, welche zwischen den beiden Schuldarten — dolus und culpa — liegt, soll deshalb nicht im
geringsten geläugnet werden. Beim Vorsatz liegt bewusste
Auflehnung gegen die im Gesetz enthaltene Norm, bei der
Fahrlässigkeit nur ein unbewusstes, durch Unbedacht veran-
lasstes Zuwiderhandeln vor. Dieser Unterschied betrifft aber
nur die Intensität, nicht das Vorhandensein der Schuld
(Binding, Normen II. S. 120).

Daraus ergiebt sich nur, dass die Reaktion des Staates
gegen den der Norm dolos Zuwiderhandelnden eine erheblich
schärfere sein müsse, als gegen denjenigen, der nur aus Unachtsamkeit der Norm zuwiderhandelt. Eine völlige Nicht-
anerkennung krimineler Schuld und als Folge davon die
Straflosigkeit aller durch Fahrlässigkeit verübten Handlungen
stände im Widerspruch mit dem allem positiven Recht zu
Grunde liegenden Coexistenzialprinzip (Kant). Die Rechts-
sicherheit des Einzelnen, sowie die der Gesammtheit würde
alsdann in bedenklichster Weise in Frage gestellt werden.

Schliesslich sei noch die Ansicht erwähnt, welche neuerdings Rupp (Modernes Recht und Verschuldung (1880) § 13)
aufgestellt hat. Rupp sieht das Moment der Verschuldung
bei einer bestimmten fahrlässigen Handlung in deren Kausalität, nicht in dem Willen des Handelnden. Nach seiner Ansicht birgt die Handlung an und für sich ebensowenig wie
der Wille, der ihr zu Grunde liegt, und dessen Inhalt mit
der Handlung identisch ist, die Verschuldung in sich. „Es
soll natürlich nicht behauptet werden." fährt Rupp (S. 69)
weiter fort, „dass Wille und Verschuldung etwas toto coelo
Verschiedenes seien, im Gegenteil, der engste Zusammenhang
soll in keiner Weise geläugnet werden, der zwischen Kausalität
und dem Wollen und Handeln als deren notwendigen Voraussetzungen besteht, es sollte nur gezeigt werden, dass der Inhalt des Willens und der Handlung an sich das Verschuldungs-
moment nicht enthält, sondern dass eben nur diese Kausalität
für den betreffenden Erfolg es sein kann, an welcher der
Vorwurf etc. ansetzt, und zwar die Kausalität der Handlung,

nicht des Willens: denn die erstere ist das zunächst kausale und das auch vom Strafgesetz allein ins Auge gefasste, nicht der Wille . . . . . Dolus und culpa unterscheiden sich nun allerdings dadurch, dass bei ersterem diese Kausalität für den betreffenden Erfolg ins Bewusstsein aufgenommen ist (— ins Bewusstsein und in den Willen oder nur ins Bewusstsein, nicht in den Willen, wie beim dolus eventualis —), während bei der Fahrlässigkeit diese Kausalität nicht ins Bewusstsein (jedenfalls nicht in die Endredaction des Bewusstseins) aufgenommen, nicht überschaut ist.- Diese von Rupp gegebene Unterscheidung von dolus und culpa ist richtig. Allein unrichtig ist es, das Schuldhafte in die Kausalität zu verlegen, wenn dieser Begriff richtig verstanden wird. Die Kausalität an sich ist nur etwas Thatsächliches und hat mit der Verschuldung nichts zu thun. Das Schuldhafte bleibt immer die Willensrichtung, welche die Kausalität hervorruft. Wäre dies nicht der Fall, so müssten Wahnsinnige und Kinder gleichfalls schuldhaft handeln können: denn sie vermögen durch ihr Verhalten den Naturkausalismus ebenso ins Rollen zu bringen wie zurechnungsfähige Menschen. Die Kausalität weist uns auf den Schuldigen; aber sie ist nicht identisch mit der Verschuldung. Diese liegt in der dolo vel culpa verübten Handlung oder Unterlassung.

Der Irrtum Rupp's tritt klar zu Tage bei seiner Betrachtung der Polizeistrafgesetze (§ 14, S. 78 ff.). Bei diesen findet er, dass der Gesetzgeber „absieht von ihrer Wirkung, absieht von ihrer Kausalität, dass er die Handlung an sich zum Gegenstande nimmt. Da gerade in dieser Kausalität, bezw. erst in der zum Vorwurfe gereichenden Kausalität die Verschuldung enthalten ist, so muss das Polizeistrafgesetz, wenn es von der Kausalität absieht, auch von der Verschuldung absehen." Der Gesetzgeber sieht aber, wie aus den Motiven zum 29. Abschnitte des R.-St.-G.-B's. hervorgeht, bei den sogenannten Polizeiübertretungen durchaus nicht von der Verschuldung ab. Er will vielmehr die für die Vergehen und Verbrechen geltenden allgemeinen Grundsätze, also auch

die über die Verschuldung, auf die Übertretungen angewendet
wissen, weil er eben die Verschuldung nicht in der Kausalität,
sondern in der die letztere hervorrufenden schuldhaften Handlung oder Unterlassung findet. Und dieser positiv rechtliche
Standpunkt ist auch in theoretischer Hinsicht, wie später
gezeigt werden wird, als der allein berechtigte anzuerkennen.

§ 2.

Streit herrscht zur Zeit noch hinsichtlich der Frage, ob
zum dolus das Bewusstsein des Thäters von der Rechtswidrigkeit seines Verhaltens erforderlich sei, oder ob schon das
Wollen des objektiv Rechtswidrigen in Verbindung mit der
richtigen Vorstellung dessen, was das Subjekt verursacht,
hinreicht. Es kann in dieser Abhandlung, welche ausschliess-
lich der Lehre von der culpa gewidmet ist, jene in erster
Linie die Dolus-Lehre berührende Frage nicht eingehend er-
örtert werden.[1]

Nur soviel sei zur Charakterisierung des Standpunktes
des Verfassers gesagt. Jede kriminale Schuld setzt die Verletzung einer dem Subjekte rechtlich obliegenden und für
dasselbe erfüllbaren Pflicht voraus. Soll daher eine Norm-
übertretung erfolgt sein, so muss erstens eine Norm existieren,
welche dem Subjekte ein bestimmtes Handeln verbietet oder
gebietet, und es muss zweitens das Subjekt diese Norm gekannt haben;[2] denn erst nach der erlangten Kenntnis der
Norm — dann aber auch sofort — konnte für den Thäter

---

[1] Neues wird sich schwerlich noch sagen lassen. Der Gesetzgeber
hat nunmehr die Pflicht, sich für eine Ansicht zu entscheiden und dieselbe
zu legalisieren. Vgl. insbesondere die geistvolle Abhandlung von Heinze,
Gerichtssaal (1861), S. 397—449.

[2] D. A. Binding, Normen, II. S. 486; Oetker, Einfluss des Rechts-
irrthums, Kassel (1876); Geyer's Erörterungen S. 26 ff.; Schütze, Lehrbuch S. 116 ff.; von Buri, Kausalität (1885) S. 36; Hertz, Unrecht
§ 14, S. 151: a. A. Luden, Abhandlungen II. S. 521, Meyer, Lehrb.
§ 19; v. Liszt, Lehrb. § 39, S. 157; Lucas, die subjektive Verschuldung
(1883) S. 65 flg.

8

die Pflicht entstehen, das gewollte, und zwar nunmehr rechts-
widrig gewollte, Verhalten aufzugeben. Fehlte daher dem Subjekte bei seinem Handeln die
Wissenschaft, die man als das Bewusstsein der Rechtswidrig-
keit bezeichnet, so kann unter Umständen in diesem Mangel,
gleichviel ob derselbe in einer völligen Unkenntnis, oder in
einer irrtümlichen Erkenntnis der Norm besteht, eine strafbare Pflichtverletzung des Subjekts begründet sein, aber nur
eine kulpose, nie eine dolose. Der dolos Handelnde
vollzieht den im Strafgesetze verbotenen Thatbestand mit
dem Bewusstsein, dass derselbe ein verbotener ist.

In den schwersten und schwereren Fällen strafbaren
Unrechts, wie bei Tötung, Körperverletzung, Notzucht, Unzucht, Falschmünzerei, Meineid, Brandstiftung, Raub, Diebstahl, Betrug und Erpressung, wird dem Angeklagten allerdings der Einwand, er sei sich der Rechtswidrigkeit seines
Verhaltens nicht bewusst gewesen, nichts nützen. Der Richter
wird solchem Vorgeben in der Regel keinen Glauben beimessen.

Zuweit würde man indessen gehen, wollte man aus dieser
in vielen Fällen rechtswidrigen Handelns gerechtfertigten
Annahme des Richters die Berechtigung zur Aufstellung einer
Präsumtion für die Existenz des Bewusstseins der Rechtswidrigkeit herleiten;[1] denn die Möglichkeit des Mangels
jenes Bewusstseins ist sehr wohl denkbar, und zwar nicht
blos in den geringfügigen Fällen, wo es sich um Übertretungen
lokaler Polizeivorschriften handelt, sondern auch in Fällen,
welche strafbare Handlungen schwerster Art zum Gegenstande haben.[2] Man muss Heinze (a. a. O. S. 407) bei-
stimmen, wenn er sagt: „die Juristen sind aber zu geneigt,
das Seelenleben der andern Menschen nach ihrem eigenen zu

---

[1] In der Aufstellung einer solchen Präsumtion liegt übrigens die
Notwendigkeit des Bewusstseins der Rechtswidrigkeit für den Dolusbegriff enthalten. Ihre Aufstellung bezweckt nur eine Erleichterung des
Beweises und gehört in das Prozessrecht, den materiellen Dolusbegriff vermag sie nicht zu ändern. Vgl. Binding, Normen II. S. 490.
[2] Heinze, a. a. O. S. 402 ff.

beurtheilen und unbeachtet zu lassen, dass das Strafgesetz in den Gedankenreihen des Nichtfachgenossen weder mit gleicher Deutlichkeit noch mit gleichem Gewicht sich geltend macht." Ein paar Beispiele mögen diese Behauptung bestätigen:

a. Der Bauer A liest in der Zeitung, dass sein Dienstknecht B wegen Mordes steckbrieflich verfolgt werde. A will den B dingfest machen, um ihn der Behörde zu übergeben. Der Knecht ergreift die Flucht. A erschiesst ihn.

b. Jemandem wird häufig aus seinem verschlossenen Keller Wein gestohlen. Um den Dieb zu ermitteln, stellt der Bestohlene neben dem im Keller verwahrten Wein ein paar Flaschen, die ihrer äusseren Erscheinung nach den Weinflaschen gleichen, aber mit Schwefelsäure gefüllt waren. Bald darauf wird eine alte Frau tot im Keller gefunden, und zwar stellt sich heraus, dass sie an den Folgen des Genusses von Schwefelsäure gestorben sei. (Vergl. Bekker's Theorie, S. 606.)

c. A. der an einer unheilbaren, qualvollen Krankheit leidet und völlig gelähmt ist, bittet seinen Freund B inständigst, ihn zu erlösen, dadurch, dass er ihm eine gewisse Quantität Morphium reiche. B leistet der Bitte Folge. A stirbt an den Folgen des Genusses des Narkotikums.[1])

In allen diesen Fällen waren sich die Thäter der Rechtswidrigkeit der Tötung wohl bewusst: sie nahmen aber an, dass die besonderen Umstände des betreffenden Falles die Tötung eines Menschen zu rechtfertigen vermögen.

Lässt sich aber die Möglichkeit des mangelnden Bewusstseins der Rechtswidrigkeit in den vorerwähnten Fällen nicht in Abrede stellen, so würde man mit der Aufstellung einer Präsumtion eines solchen Bewusstseins materielles Unrecht begehen.

---

[1]) Vgl. den Fall bei Osenbrüggen, Abhandlungen, I. S. 33.

Wenn aber auch die Annahme eines dolosen Handelns ausgeschlossen erscheint, so ist damit noch nicht die Schuldlosigkeit des dem Rechte Zuwiderhandelnden festgestellt. Es könnte aber nur ein kulposes Handeln übrig bleiben. Das wäre der Fall, wenn die objektiv rechtswidrige Handlung sich auf eine schuldhafte Ausserachtlassung der zur Erkenntnis ihrer Rechtswidrigkeit erforderlichen Sorgfalt zurückführen liesse. Und selbst diese liesse sich nicht annehmen, wenn das Subjekt der Kapazität ermangelte, welche die Voraussetzung für jene Erkenntnis bildete.

§ 3.

Betrachtet man die erwähnten Fälle genauer, so sieht man, dass der vorliegende Rechtsirrtum, der möglicherweise noch culpa des Handelnden übrig lässt, nicht die Regel, sondern die Ausnahme von der Regel betrifft. Der Richter wird, die Zurechnungsfähigkeit des Thäters vorausgesetzt, in den allermeisten Fällen die Kenntnis der Regel annehmen können. Die Norm „Du sollst nicht töten, die persönliche Freiheit eines Andern nicht einschränken“ ist bei allen reifen, vernünftigen Menschen vorauszusetzen, nicht aber die Kenntnis der Ausnahme von der Regel.

Nach der Auffassung Oetker's (Rechtsirrtum, S. 42—46) schliesst nicht nur der Mangel der Normkenntnis, sondern auch der Mangel der Kenntnis des Verhältnisses von Regel und Ausnahme jede Verschuldung des Handelnden aus. Nach Oetker würde in den vorerwähnten Beispielen nicht einmal die Annahme einer kulposen Tötung zulässig sein. Dagegen meint Binding (Normen, II. S. 69 u. 95): „Wer weiss, dass die Handlung, zu der er sich in gutem Glauben anschickt, regelmässig verboten ist, muss aus dieser Wissenschaft doppelten Anlass zur Prüfung schöpfen, ob er ausnahmsweise berechtigt sei, sie dennoch vorzunehmen. Kann er erkennen, dass sie unter die Regel des Verbots und nicht unter seine Ausnahme fällt, so muss er sie unterlassen“ und mit Bezug auf unsere Beispiele (S. 68): „Wer dagegen das Verbot der Tötung als Rechtsregel kennt, in unverzeihlicher Weise aber die Regel für einen bestimmten Fall als unanwendbar erachtet, der hat schuldhafter Weise das ihm als naheliegend bekannte, somit notwendig in Betracht zu ziehende Pflichtmotiv gegen die Tötung nicht in Betracht gezogen, und kann von dem Vorwurfe der Fahrlässigkeit mit Bezug auf sein Handeln nicht freigesprochen werden. Nur **Normunkenntnis entschuldigt als solche, nicht Unkenntnis der Grenze zwischen Norm und Ausnahme!**"

Diese ausnahmslose Einschränkung erscheint nicht weniger unhaltbar, als die von Oetker gezogene Konsequenz, dass die Unkenntnis des Verhältnisses von Regel und Ausnahme regelmässig die Schuld ausschliesse.[1]

Eine allgemeine Regel, welche festsetzt, wann culpa anzunehmen, lässt sich, wie später gezeigt werden wird, nicht aufstellen. Hier, wie in allen Fällen der Fahrlässigkeit entscheiden die Umstände des konkreten Falles. Sicher ist der Schluss Binding's nicht richtig, dass derjenige, welcher die Regel kennt und im gegebenen Falle die ausnahmsweise Berechtigung, gegen die Regel zu handeln, rechtsirrtümlich als vorliegend erachtet und demgemäss handelt, sich stets in einem unverzeihlichen Irrtume befinde und sich deshalb einer strafbaren culpa schuldig mache.[2]

Es kann sich bei der Beurteilung der Frage, ob strafbare culpa vorliegt, nur darum handeln, ob der Handelnde nach seiner Individualität trotz sorgfältiger Überlegung vor und während der That die Rechtswidrigkeit seines Handelns zu erkennen instande war. Ob hierbei das Individuum der Regel zuwiderhandelt, ist unerheblich. Das Ergebnis der richterlichen Erwägung wird immer dasselbe sein: der Angeklagte war nach der ihm innewohnenden

---

[1] Vgl. v. Buri, Gerichtssaal, Jg. 1878 Beil. S. 181 flg.
[2] Vgl. z. B. den von Belmonte in v. Holtzendorff's deutsch. Strafrechtzeitung Jg. 1873 S. 235 mitgetheilten Fall.

Kapazität entweder imstande oder nicht imstande, die Rechts-
widrigkeit seines Handelns ins Bewusstsein zu erheben.
Darin ist allerdings Binding beizustimmen, wenn er
(II, S. 95) sagt, dass der Zweifel, ob Erlaubtes oder Un-
erlaubtes gewollt sei, den eine Handlung Planenden zur
Unterlassung derselben verpflichtet.[1) In diesem Zweifel liegt ein Motiv zum Fallenlassen des
Entschlusses. Dass aber in jedem Falle ein solcher Zweifel
vorhanden sein müsse, ist ohne weiteres nicht anzunehmen.

§ 4.

Selbstverständlich kann auch durch Unterlassung ein
kulposes Delikt begangen werden. Das Schuldhafte liegt
hier in der Versäumnis, durch eine gewisse Thätigkeit den
bevorstehenden nachteiligen Erfolg abgewendet zu haben.[2)
Blieb das Subjekt unthätig mit der Vorstellung, dass der nachteilige Erfolg eintreten werde oder könne, und war sich der
Unthätige der Rechtswidrigkeit dieses Erfolges bewusst gewesen, so liegt eine dolose Unterlassung vor; fehlte dagegen
eines dieser letzten beiden Erfordernisse, so kann eine kulpose
Unterlassung vorliegen.[3) Im übrigen gelten hinsichtlich des
dolus und der culpa dieselben Grundsätze für die Unterlassungs-,
wie für die Begehungsdelikte. Alle Imperative, welche den
Strafrechtsnormen zugrunde liegen, lassen sich auf die allgemeine Formel zurückführen: „Du sollst nicht die Ursache

---

[1) D. A. ist auch Schaper in von Holtzendorff's Handb. II.
S. 212. und Gessler, welcher bereits in seinen Abhandlungen im Gerichtssaal Bd. 13 S. 216 und 307 ff., ferner in seinem Werke: Ueber den Begriff und die Arten des Dolus, Tübingen (1860), die Ansicht vertritt, dass,
wer im Zustande des Zweifels handelt, sich einer wissentlichen Nichtachtung
des Verbotes, falls solches besteht, schuldig mache. Das Bewusstsein der
Möglichkeit eines Verbots steht dem Bewusstsein des Verbotenseins selbst
gleich.

[2) Vgl. Geyer, in v. Holtzendorff's Rechtslexikon I. S. 490.

[3) S. Oppenhoff's Comm. 59 n. 27 und die daselbst citierten Entscheidungen; ferner Rüdorff, Comm. zu § 222 n. 2.

einer Übertretung des in der Rechtsnorm enthaltenen Ge- oder
Verbots werden."

Ein Fuhrmann ist auf dem Bocke seines Gefährts ein-
geschlafen, und die Pferde haben ein auf der Landstrasse
sitzendes Kind zu Tode gefahren. Der Fuhrmann ist der
kulposen Tötung des Kindes schuldig; denn derjenige, welcher
den Dienst eines Fuhrmanns versieht, übernimmt damit die
Pflicht, während des Dienstes seine Aufmerksamkeit zugleich
dahin zu richten, dass niemand durch das von ihm gelenkte
Gefährt Schaden erleide. Durch die Nichtbeobachtung dieser
Pflicht ist der Fuhrmann die Ursache der Übertretung des
Verbots der fahrlässigen Tötung geworden. —

Im R.-St.-G.-B. sind insbesondere eine grössere Zahl von
Übertretungen enthalten, die sich als Unterlassungsdelikte,
begangen durch Fahrlässigkeit, darstellen, so diejenigen
Übertretungen, welcher sich nach dem Wortlaute des Gesetzes
jemand schuldig macht dadurch, dass er es unterlässt, etwas
zu thun, z. B. Personen seiner Hausgenossenschaft vom Betteln,
oder von der Begehung von Diebstählen, oder von der Begehung strafbarer Verletzungen der Zoll- und Steuergesetze,
oder der Gesetze zum Schutze der Forsten, der Feldfrüchte,
der Jagd, oder der Fischerei abzuhalten (§ 361 No. 4 und 9
des R.-St.-G.-B.), ferner der es unterlässt, gegen wilde oder
bösartige Tiere, die er hält, Vorsichtsmassregeln zu treffen,
(§ 367 No. 11 a. a. O.), baufällige Gebäude auszubessern oder
niederzureissen (No. 13), zu raupen (§ 368 No. 2), zu sorgen,
dass die Feuerstätten in brandsicherem Zustande gehalten
sind, No. 4.

§ 5.

Aus dem Gesagten ergiebt sich, dass die culpa stets auf
einem Irrtum des Subjekts beruht. Dieser ist entweder
hervorgerufen durch Ausserachtlassung der Erfahrung — Irrtum hinsichtlich des Kausalitätsgesetzes — oder
durch einen Irrtum hinsichtlich gewisser das Delikt betreffen-

---

¹) Urteil des Reichsgerichts v. 2. Dec. 1880 (Entsch. III. S. 84).

der thatsächlicher Verhältnisse — thatsächlicher Irrtum
(§ 59 des R.-St.-G.-B.) — oder durch einen Irrtum hinsichtlich der Rechtmässigkeit der Handlung[1] — Rechtsirrtum.
Zum letzteren kann auch der sog. Subsumtionsirrtum
gerechnet werden, wenn man darunter versteht den Irrtum
des Handelnden hinsichtlich der Identität seiner Handlung
mit der in der Strafrechtsnorm verbotenen Handlung.
Nach Binding (Normen II. 121 ff.) unterscheiden sich
beide Schuldarten — dolus und culpa — lediglich darin,
dass beim dolus das Wollen begleitet wird vom Bewusstsein
der Widerrechtlichkeit des Gewollten, während bei der Fahrlässigkeit dieses Bewusstsein fehlt.

Die Vorstellung von der Art und Weise des Kausalzusammenhanges zwischen der projektierten That und dem
projektierten und zugleich eingetretenen Erfolge kommt nach
Binding für die Differenzierung beider Schuldarten nicht in
Betracht. Diese Ansicht Binding's ist eine Konsequenz des
von ihm verfochtenen Satzes (Normen II, § 38), dass auch
das nicht Vorgestellte gewollt sein könne, dass mithin alle unbeabsichtigten Folgen gewollter Ursachen auf den
Willen des Subjekts zurückbezogen werden müssen. Vermag
man sich diese Ansicht Binding's nicht anzueignen,[2] ist man
vielmehr der Ansicht, dass man für die Zurechnung der Handlung des Vorstellungsmomentes nicht entbehren kann, weil
ohne Zuziehung desselben die Handlungen ins Unendliche fort-
wirken, so wird man auch, wie dies in dieser Abhandlung
geschieht, zum Zwecke der Bestimmung der Schuldarten wieder

[1] Vgl. Ortmann, Gerichtssaal, Jg. 1878 S. 256, der sogar Bewusstsein der Strafbarkeit als Requisit des Dolus aufstellt und demzufolge
bei schuldhaftem Mangel dieses Bewusstseins culpa annimmt.

[2] Vgl. Geyer (Münchener kritische Vierteljahrsschrift für Gesetzgebung und Rechtswissenschaft XX. S. 441 ff.); von Buri, Gerichtssaal Jg.
1878. Beilageheft, S. 143 ff.; insb. S. 160, 161); Sigwart, der Begriff
des Wollens u. s. w., Programm der philos. Fakultät der Universität
Tübingen (1879), S. 30; von Liszt, Lehrbuch (1884) S. 147, welcher
Vorsatz und Vorstellung von der Kausalität des Thuns geradezu identi-
fiziert.

auf die Verschiedenheit der Vorstellungen des Handelnden, welche dessen widerrechtlichen Willen begleiten, zurückgreifen müssen. Sonach ergeben sich für die beiden überhaupt möglichen Schuldarten — dolus und culpa — folgende Definitionen. Kriminaldolus ist der Wille, kausal zu werden 1. mit der Vorstellung, es werde oder könne[1]) durch das Kausalwerden ein bestimmter nachteiliger Erfolg eintreten, und 2. mit dem Bewusstsein, dass dieser Erfolg ein rechtswidriger sei.

Kriminalculpa ist der Wille des Subjekts, kausal zu werden aufgrund einer infolge schuldhafter Unaufmerksamkeit des Subjekts irrtümlichen Vorstellung hinsichtlich der Kausalität oder hinsichtlich der Rechtsmässigkeit seines Verhaltens.[2])

§ 6.

Einige Kriminalisten nehmen noch eine andere Art von Fahrlässigkeit an, welche sie im Gegensatze zu der von uns betrachteten sogenannten unbewussten culpa als die sogenannte bewusste culpa bezeichnen. Sie soll diejenige sein, bei welcher der Thäter sich noch der Möglichkeit des schlimmen Erfolges bewusst war und trotz dieser Möglichkeit handelte in der Hoffnung, der schlimme Erfolg werde diesmal nicht eintreten.[3]) In derselben Richtung bewegen sich diejenigen,

---

[1]) Es ist hier nicht der Ort nachzuweisen, dass der sg. dolus eventualis nicht eine besondere Spezies des dolus darstellt, sondern eine ganz allgemeine Erscheinungsform desselben ist.

Vgl. hierüber statt vieler anderer die überzeugenden Ausführungen von Lucas, die subjective Verschuldung im heutigen deutschen Strafrechte, Berlin (1883) S. 15 ff.

[2]) D. A. Ortmann, Gerichtssaal. Jg. 1878 S. 256, nur dass er sich an dem Bewusstsein der Rechtswidrigkeit nicht genügen lässt, sondern das Bewusstsein der Strafbarkeit fordert.

[3]) S. Feuerbach, Lehrb. § 55 und Mittermaier note 1; Berner, Lehrb. § 98 und dessen Theilnahme S. 118, 154; Hälschner, Syst. I. S. 158 und gem. deutsches Strafrecht (1881) I. S. 316. 317; Schütze, Lehrb. S. 123 flg.; Meyer (2. Aufl.) Lehrb. § 33 S. 174; Lüder, Grundriss (1877)

welche die bewusste culpa als eine Mittelstufe zwischen dolus und culpa hinstellen und als luxuria[1]) bezeichnen. Lucas (a. a. O. S. 109 ff.) hat neuerdings versucht, dem Begriff der bewussten culpa noch ein anderes Gebiet zu retten. Schon bei Besprechung des dolus versucht er auszuführen, dass die Zurechnung des als möglich vorgestellten Erfolges zum Vorsatze beschränkt werde durch die Erfahrung über den gewöhnlichen Lauf der Dinge. Dieser Satz, meint Lucas, finde seine volle Rechtfertigung in der Erwägung, dass der Begriff der Möglichkeit ein so dehnbarer und unbestimmter sei, dass — praktisch betrachtet — ganz entfernte Möglichkeiten aus dem für einen Kausalzusammenhang vernünftigerweise denkbaren Kreise überhaupt ausscheiden. Was nicht nach dem gewöhnlichen Gange der Ereignisse, nach den durch die Erfahrung bestätigten Kausalitätsgesetzen möglich ist, ist in diesem Sinne überhaupt nicht möglich. Soweit kann man Lucas allenfalls zustimmen. Wenn er aber fortfährt: „Wer infolge einer irrigen Beurteilung der Folgen seiner Handlung zu dem Schlusse gelangt, der rechtsverletzende Erfolg sei nach seiner Erfahrung nicht zu erwarten, muss, um zu diesem Schlusse gelangen zu können, die Möglichkeit seines

---

S. 19. u. A. Dagegen v. Buri, Theilnahme, Giessen (1860) S. 27; Gerichtssaal Jg. 1870, S. 14, Herrmann, Archiv des Criminalrechts N. F. (1856) S. 475 flg.; Binding, Normen II. S. 121: von Liszt, Lehrb. S. 168.

[1]) z. B. Koestlin. System I. § 65 n. 1 und 2. —

Die Carolina. auf welche bisweilen zum positivrechtlichen Nachweise einer Mittelstufe zwischen dolus und culpa Bezug genommen wird (vgl. z. B. Hälschner, System I. S. 159), erkennt eine solche nicht an. In Art. 146 erwähnt sie des leichtfertigen Handelns, schliesst aber ausdrücklich die Vorsätzlichkeit des Handelns aus, wie auch aus den gewählten Beispielen deutlich hervorgeht. Auf diese Fälle wird das Wort „Geilheit" angewendet. Es bezeichnet selbst nur einen hohen Grad von Fahrlässigkeit. „ . . . . aber dannocht ist mehr barmherzigkeit bei solchen entleibungen, die ungeuerlich auss geylheit oder unfürsichtigkeyt, doch wider des thätters willen, geschehen zu haben, denn was arglistig und mit willen geschicht." — Die neuere Gesetzgebung enthält über die luxuria als einer besonderen Art der culpa keine Strafbestimmung.

Eintrittes als eine so entfernte ansehen, dass sie nicht durch
den gewöhnlichen Lauf der Dinge bedingt wird und für ihn
dadurch aus dem Kausalzusammenhange heraustritt", so inter-
pretiert er die Gedanken des Handelnden höchst willkürlich.
Uns scheint vielmehr aus dem Schlusse des Handelnden, der
rechtsverletzende Erfolg sei nach seiner Erfahrung nicht zu
erwarten, einfach zu folgen, dass der Handelnde im gegebenen
Falle überhaupt nicht an die Möglichkeit (gleichviel ob entfernte oder nahe) des Eintrittes jenes rechtsverletzenden Erfolges gedacht habe. In diesem Falle bliebe allerdings
nur culpa des Handelnden übrig. Lucas setzt aber seine
Ausführung folgendermassen fort: „Dabei kann er (der
Handelnde) sich aber der Möglichkeit (des Eintritts des rechtsverletzenden Erfolges) dennoch bewusst bleiben. Dieser
Fall sei derjenige, der für die „luxuria" noch übrig bleibe,
und damit sei die Grenze zwischen Vorsatz und Fahrlässigkeit gezogen." Zieht aber der Handelnde die Möglichkeit
des Erfolges noch in Rechnung, so versirt er bereits in dolo,
wenigstens in dolo eventuali, von einer culpa ist dann nicht
mehr die Rede. Lucas meint, dass es eine Läuterung des
Wesens der luxuria bedeute, dass er dieselbe des besonderen,
sie von allen anderen Fahrlässigkeitsfällen generisch unter-
scheidenden Inhalts: des Bewusstseins von dem möglichen
Eintritte des rechtswidrigen Erfolges — im Wesentlichen entkleidet habe. „Denn dieses Bewusstsein verliere alle Bedeutung, sobald es mit dem subjektiv erfahrungsgemässen
Schlusse auf das Nichteintreten verbunden, die Möglichkeit
des Eintrittes also — praktisch aufgefasst — verworfen ist."[1]

[1] Unklar Oppenhoff: Comm. (1885) zu § 59 Nr. 2. Er identificiert
die luxuria geradezu mit dem dolus eventualis. „Begeht jemand eine bestimmte Handlung nur mit dem Bewusstsein der Möglichkeit, dass durch
dieselbe eine bestimmte Wirkung auf ein konkretes Objekt hervorgebracht
werden könne, so liegt nur eine Frevelhaftigkeit (Fahrlässigkeit) vor."
Auch das Urteil des Reichsgerichts vom 12. April 1880 (I. Strafsenat,
Bd. I, S. 375) lässt die Möglichkeit einer luxuria bestehen, indem es sagt:
„denn das Bewusstsein der Möglichkeit des Erfolges ist kein
notwendiges Erfordernis der Fahrlässigkeit." In der Revisions-

Diese Auffassung ist unklar; sie steht auch im Widerspruche zu der von Lucas selbst an verschiedenen Stellen seiner sich durch Klarheit auszeichnenden Abhandlung hervorgehobenen richtigen Ansicht (vgl. z. B. S. 14, 15, 16), dass die Vorstellung eines Erfolges als eines möglichen im Augenblicke der Handlung genüge, um diesen Erfolg zum Vorsatze zuzurechnen. Gleichwohl schliesst Lucas seine bedenkliche Ausführung über das Wesen der luxuria mit den Worten: „Zum Vorteil der Theorie muss dies (seine Deduktion) gereichen, weil das innerste Wesen der Fahrlässigkeit darin beruht, dass der Erfolg nicht als solcher, nicht unter dem Gesichtspunkte der Kausalität, gedacht ist, und der frühere Begriff der luxuria diesem Wesen widerstritt, so dass eigentlich eine Art von Grenzgebiet zwischen dolus und culpa geschaffen war, welches keiner von beiden Schuldarten angehörte." Wir vermögen den Vorzug der Lucas'schen Theorie vor den übrigen die luxuria anerkennenden Theorien nicht aufzufinden, da es sich auch bei ihr nur um eine gewaltsame Unterdrückung des den Willen des Handelnden begleitenden Bewusstseins von dem Eintritte des Erfolges handelt. Auch der Lucas'sche Begriff „luxuria" wird von dem allgemeinen Begriff des strafbaren Vorsatzes umfasst. Denn der Umstand, dass dem handelnden Subjekt bei seinem Verhalten die Möglichkeit des Eintrittes mehrerer Erfolge — gleichviel, ob eines gleichzeitigen, alternativen, oder eventuellen Erfolges — vorschwebte, ist für die Bestimmung des strafbaren Vorsatzes gleichgiltig, wenn nur — und das ist für die Bestimmung des Vorsatzes allein entscheidend — der in Wirklichkeit eingetretene Erfolg sich unter den vorgestellten Erfolgen befunden hat. —

Nach Ortmann, (Gerichtssaal, Bd. XXIX, S. 246) soll bewusste Fahrlässigkeit (luxuria) vorliegen, wenn der Angeklagte die inkriminierte Handlung nur für rechtswidrig

---

schrift war nämlich Fahrlässigkeit geradezu mit luxuria sc. bewusste Gleichgültigkeit gegen die Möglichkeit eines Schadens identificiert worden. Vgl. auch Rüdorff Comm. zu § 222 n. 1.

gehalten und sie unterlassen haben würde, wenn er die Natur derselben als einer **strafbaren** genau gekannt hätte.

Da **Ortmann** für den Dolusbegriff nicht nur Bewusstsein der **Normwidrigkeit**, sondern Kenntnis der **Strafbarkeit** fordert, so ist wohl in der Auffassung **Ortmann's** eine Koncession an seine Gegner zu erblicken, indem er den bewusst der Norm Zuwiderhandelnden schon als **luxuriosus** und infolge dessen mit einer hart an die Strafe des **dolus** grenzenden Strafe belegt wissen will.

von **Liszt** (Lehrbuch S. 167) endlich sieht in der **luxuria** nur einen schwereren Fall der **culpa**. Der Thäter hat blind drauf los gehandelt, **ohne überhaupt zu irgend einer Vorstellung über die Kausalität seines Thuns zu gelangen.**

Ein solcher Fall dürfte aber — die Zurechnungsfähigkeit des Handelnden vorausgesetzt—kaum denkbar sein. Auch wäre von einer Handlung im Rechtssinne dann nicht mehr die Rede.

Das Endergebnis der Betrachtung ist, dass auf **andere** Arten der Verschuldung als auf die beiden Schuldarten — **dolus** und **culpa** — sich eine menschliche Handlung nicht zurückführen lässt. Es ist nicht denkbar, dass ein Mensch anders als vorsätzlich oder fahrlässig schuldhaft handelte. Eine Mittelstufe zwischen den beiden Schuldarten — eine dritte, oder eine sich aus beiden zusammensetzende — giebt es nicht.[1] Sie müsste auf einer Qualifikation des menschlichen Gehirns beruhen, die diesem nicht innewohnt. Der Mensch kann nur etwas in bestimmter Richtung wollen, oder nicht wollen; tertium non datur.[2]

---

[1] **Lucas** (a. a. O. S. 2.) scheint a. M. zu sein; er giebt wohl zu, dass andere Formen der Willensschuld, als dolus und culpa nach der historischen Entwickelung im Strafrecht **nicht** nachweisbar seien, „obwohl solche begrifflich nicht absolut undenkbar wären.“

[2] **Binding,** (Normen II, S. 121): „Man kann etwas Widerrechtliches nur wollen oder nicht wollen, aber unmöglich auf verschiedene Art wollen; man kann die gewollte Widerrechtlichkeit als solche nur wissen, oder nicht wissen, aber unmöglich auf verschiedene Art wissen. Es kann also weder Arten des Vorsatzes, noch solche der Fahrlässigkeit geben.“ Vgl. auch von **Bar,** Lehre vom Causalzusammenhange S. 52.

Bei dem ganzen Meinungsstreite lässt sich der Eindruck nicht unterdrücken, dass die mit der richtigen Theorie recht wohl vertrauten Anhänger der sogenannten bewussten culpa bei deren Aufstellung von dem Streben geleitet worden sind, den Bedürfnissen der Praxis · entgegenzukommen. Es sollte ein Ausweg gefunden werden, damit nicht die schweren Strafen, welche auf dolose Verbrechen gesetzt sind, auch diejenigen träfen, welche nicht exklusiv den Eintritt des schlimmen Erfolges erstrebten, sondern nur eventuell auch in den Eintritt dieses Erfolges willigten.

Nehmen wir beispielsweise folgenden Fall. — Ein Schütze weiss sehr wohl, dass·in dem Gebüsch. in welchem er einen Hirsch verschwinden sieht, ein Treiber postiert ist, und dass. ein in der Richtung des Gebüsches abgegebener Schuss den Treiber treffen könne. Gleichwohl schiesst der Schütze in dieser Richtung mit der Vorstellung, er werde wohl das Wild, könne aber allerdings auch den Treiber treffen. Die abgeschossene Kugel trifft wirklich den Treiber und tötet denselben. — Hier liegt nicht culpa, auch nicht bewusste culpa, [1]) sondern lediglich dolus vor.[2]) Der Schütze hatte bei dem Abfeuern des Gewehrs die Vorstellung, dass der Schuss den Treiber treffen könne; er hatte daher in eventum den Tod des Treibers beschlossen, und zwar kann dieser Beschluss sehr wohl mit ruhiger Überlegung gefasst worden sein. Es ist nicht zu läugnen, dass sich das Gefühl gegen die Anwendung des Mord-, resp.. Todschlagsparagraphen sträubt, aber juristisch ist diese Entscheidung ganz unanfechtbar. Hier liegt die Härte in der Androhung einer absoluten Strafe oder doch in den zu engen Strafgrenzen, nicht in der unrichtigen Auffassung des Verschuldungsmomentes. Sobald dem Richter ein anderes Strafmittel als Todesstrafe oder Zuchthaus zu Gebote steht, wie bei den meisten Delikten, bei welchen die Annahme mildernder Umstände zulässig ist, kann

---

[1]) Vgl. Rupp, Modernes Recht und Verschuldung (1880) S. 65 u. 70.
[2]) D. A. von Buri: Kausalität (1885) S. 29.

er sehr wohl durch Mass und Art der Strafe die verschiedene
Tiefe des verbrecherischen Willens zum Ausdrucke bringen.
Man braucht also nicht der Praxis zu Liebe dem Wesen der
Verschuldung Zwang anzuthun. Es ist richtig: die Skala des verbrecherischen Willens
ist eine weite, mannigfach abgestufte. Von dem in voller
Klarheit des zu gewärtigenden schlimmen Erfolges handelnden
Willen bis zu dem leichtsinnig gefassten Entschlusse dessen,
der sich zwar bewusst ist der Möglichkeit des Eintritts
schlimmer Erfolge und sich dennoch fatalistisch dem Handeln
hingiebt mit dem Gedanken: „Es wird wohl diesmal nicht
schlimm werden: wenn aber — dann mag's gehen, wie's Gott
gefällt!" ist ein weiter Weg, und deshalb rechtfertigt sich
eine verschiedene Beurteilung der Tiefe der Verworfenheit
und demzufolge auch eine verschiedene Bestrafung. [1]) Dessen-
ungeachtet liegen alle in der angegebenen Willensrichtung
vollzogenen Handlungen noch im Gebiete des dolus. Sie sind
nur entweder eventuell oder alternativ gewollt und scheiden
sich scharf von der Culpasphäre durch das Bewusstsein von
der Möglichkeit des Eintrittes des schlimmen Erfolges.

II. Die Culpa im Reichsstrafgesetzbuch.

§ 7.

Weder das Reichsstrafgesetzbuch noch das Preussische St.-G.-B., auf welchem das erstere bekanntlich ruht,
hat das Bewusstsein der Rechtswidrigkeit als ein besonderes
Erfordernis des dolus hingestellt, obwohl schon zur Zeit der Entstehung des R.-St.-G.-B.'s sowohl in der Theorie als auch in der
Praxis über die Notwendigkeit dieses Erfordernisses sich die
Ansichten scharf gegenüber traten. Auch die Motive beider

---

[1]) Meyer, die Gerechtigkeit im Strafrecht, im Gerichtssaal, Jg. 1881
S. 121.

Gesetzbücher schweigen gerade über diese wichtige Frage.
Man mag diese Lücke im Gesetzbuch beklagen, aber man muss
denjenigen beitreten, welche, wie Meyer,[1]) von Liszt[2]) und
Lucas,[3]) mit Bezug auf das Reichsstrafrecht es für unzulässig erklären, dieses lediglich auf dem Wege wissenschaft-
licher Spekulation gefundene Erfordernis in den positiv rechtlichen Dolusbegriff hineinzutragen.[4]) Beide Gesetzbücher
bedienen sich zur Bezeichnung der Schuldarten hauptsächlich
der Worte „Vorsatz" und „Fahrlässigkeit". Vorsatz bedeutet
im R.-St.-G.-B. nur den auf Begehung einer objektiv straf-
rechtswidrigen Handlung oder Unterlassung gerichteten Willen.
Hätte der Gesetzgeber den in der Theorie geläufigen Kunst-
ausdruck dolus verwendet, so könnte man vielleicht hierin
eine vom Gesetzgeber dem Richter erteilte Licenz erblicken,
dass dieser sich nach seiner wissenschaftlichen Überzeugung
einer der herrschenden Dolustheorien anschliesse. Indem der
Gesetzgeber dieses unterliess und sich mit dem bestimmten
terminus „Vorsatz" begnügte, der nur das hauptsächlichste
Element des theoretischen Dolusbegriffs enthält, hat
er der richterlichen Auslegung Schranken gezogen. Hätte
der Gesetzgeber das Bewusstsein der Rechtswidrigkeit als
einen Bestandteil des Dolusbegriffs allgemein anerkennen
wollen, so musste er dies ausdrücklich im Gesetzbuche
aussprechen.[5]) Dieselbe Auffassung teilt auch das Reichs-

---

[1]) Lehrbuch (II. Aufl.) S. 159, u. der Aufsatz im Gerichtssaal, Jg.1881 S.118.
[2]) Lehrbuch, S. 151, 157.
[3]) a. a. O. § 15.
[4]) Zu weit gehen jene Schriftsteller, wenn sie auch vom theoretischen
Standpunkte (Vgl. § 2) dieses Erfordernis für den Dolusbegriff entbehren
zu können glauben. Auch von Wächter, (Gerichtssaal, XVI (1864),
S. 56 ff.) hat die Meinung aufgestellt, dass der Wille des Subjekts, welches
den gesammten Thatbestand des Verbrechens realisieren wollte, wirklich in
einem direkten Widerspruche mit dem allgemeinen Willen stehe, wirklich
auf das gerichtet sei, was das bestehende Recht für Unrecht und Verbrechen erkläre, möge das Subjekt dieses Widerspruchs sich bewusst sein, oder nicht.
[5]) Wie z. B. Bayern, 1813 (Art. 39): „Mit rechtswidrigem Vorsatz (dolus) wird ein Verbrechen begangen, wenn eine Person die Hervor-

gericht; insbesondere hat es dieselbe in dem Urteile vom
25. September 1880 (III. Strafsenat, Entscheidungen, Bd. II,
S. 269) klar und bestimmt ausgesprochen. „Das Strafgesetzbuch," heisst es daselbst, „fordert für die Anwendung seiner
Bestimmungen, soweit es nicht im einzelnen Falle eine besondere Willensrichtung des Thäters voraussetzt, mehr nicht,
als dass der Thäter das Bewusstsein derjenigen Umstände
gehabt habe, in welchen das Gesetz die Merkmale einer strafbaren Handlung erblickt." Fehlt die Kenntnis von Thatumständen, welche zum gesetzlichen Thatbestande gehören,
so greift § 59 des St.-G.-B's. Platz. Liegt dagegen die Kenntnis der Thatbestandsmerkmale vor, so ist ein Irrtum über
die Strafbarkeit der Handlung einflusslos. Es ist in Theorie
und Praxis kein Zweifel darüber, dass die Unwissenheit des
Thäters über das Bestehen des speziellen Strafgesetzes ohne
Einfluss sei. Es kann aber auch nicht gefordert werden,
dass der Thäter sich wenigstens der Rechtswidrigkeit
des Verboten-, bezw. des Unerlaubtseins seiner Handlung bewusst gewesen sein müsse. Die Bestimmungen
des Preussischen Landrechts (Einl. § 13 u. II, 20, § 10 ff.)
sind schon dem Preussischen Strafgesetzbuch vom 14. April
1851 ferne geblieben und das Deutsche Strafgesetzbuch
gewährt gleich dem Preussischen keinen Anhalt für die
Annahme, dass das Bewusstsein der Strafwürdigkeit
oder Rechtswidrigkeit als eine allgemeine Voraussetzung
für die Strafbarkeit aufgefasst sei. Der die Straf-
Ausschliessungsgründe behandelnde Abschnitt IV des ersten
Teils erschöpft diese Materie, ohne anzudeuten, dass die
Unkenntnis des Thäters über das Verbotensein seiner

---

bringung des aus ihrer Handlung entstandenen Verbrechens sich als Zweck
und Absicht dieser ihrer Handlung vorgesetzt hat und sich dabei der
Rechtswidrigkeit und Strafbarkeit dieses Entschlusses bewusst
gewesen ist!" ferner Hannover (Art. 41): Rechtswidriger Vorsatz ist
der Entschluss zu einer strafgesetzwidrigen Handlung mit dem Bewusstsein, dass sie unerlaubt sei,"

Handlung die Ausschliessung der Strafbarkeit begründen könne." [1])

Zwar sagt Binding (Normen, S. 607): „Der § 59 hat mit der Scheidung des Irrtums in Rechts- und faktischen Irrtum etc. etc. garnichts zu thun; er beschäftigt sich lediglich mit dem Irrtum über Thatumstände, welche zum gesetzlichen Thatbestande gehören. Nun giebt es keinen Thatumstand, der für den Thatbestand der Verbrechen wichtiger wäre, als gerade das Verbotensein der Handlung. Der Unwissenheit des Verbotenseins gilt somit die Satzung des § 59 gleichfalls etc. etc. Kennt also der Thäter die Rechtswidrigkeit seiner That nicht, so kann nach § 59 das Strafgesetz gegen das vorsätzliche Verbrechen auf ihn keine Anwendung finden. Und zwar gilt dies gleichmässig für Verbrechen, Vergehen und Übertretungen." [2]) Allein abgesehen davon, dass die Entstehungsgeschichte des § 44 des Preussischen St.-G.-B.'s[3]), welcher mit unwesentlichen redaktionellen Änderungen in der Gestalt des § 59 in das R.-St.-G.-B. übergegangen ist, deutlich erkennen lässt, dass der § 44 nur vom thatsächlichen und nicht vom Rechtsirrtum handelt, übersieht Binding, worauf schon Ortmann[4]) hingewiesen hat, dass den Redaktoren des deutschen St.-G.-B.'s zur Zeit der Emanation des Gesetzbuches die Normentheorie Binding's, insbesondere dessen Unterscheidung zwischen Normwidrig-

---

[1]) Diese Auffassung ist vom Reichsgericht konstant festgehalten worden; vgl. die Urteile vom 11. März 1880 (I. Strafsenat, Entscheidungen Bd. I, S. 273); vom 27. Januar 1881 (I. Strafsenat, Entscheidg. Bd. III, S. 300); vom 5. Oktober 1881 (III. Strafsenat, Entscheidg. Bd. V, S. 295); vom 12. April 1883 (III. Strafsenat, Entscheidg. Bd. VIII, S. 217); vom 3. Februar 1885 (IV. Strafsenat, Entscheidg. Bd. XII, S. 103); vom 19. Februar 1885 (I. Strafsenat, Entscheidg. Bd. XII, S. 275).

[2]) D. A. Oetker, Rechtsirrtum, S. 83.

[3]) Goltdammer, Materialien, I. S. 434; Beseler, Comm. zum Preuss. Strf.-G.-B. S. 196.

[4]) (Gerichtssaal, Bd. XXX, S. 34. Vgl. auch für die im Texte vertretene Ansicht von Liszt, Lehrbuch, S. 160. 161 und Olshausen, Comm. I zu § 59 n. 2.

keits- und Strafbarkeitsmerkmalen, welche erst 1872 aufgestellt worden ist, nicht bekannt gewesen, dass die Redaktoren mithin ihren Satzungen nur diejenigen wissenschaftlichen
Begriffe zugrunde zu legen vermochten, welche zu der Zeit,
als das Gesetzbuch ausgearbeitet wurde, in der deutschen
Strafrechtsdoktrin Geltung gehabt haben. Zu jener Zeit sprach
man in der Theorie nur von Verbrechensmerkmalen, und zwar
verstand man darunter entweder diejenigen Thatbestandsmerkmale, durch welche der Begriff und das Dasein des Verbrechens überhaupt (essentialia communia), oder solche,
durch welche ein bestimmtes Verbrechen (essentialia propria)
bedingt wird. Der § 59 spricht aber nur von Thatumständen,
welche zum gesetzlichen Thatbestande einer in concreto vorliegenden strafbaren Handlung gehören,[1] sieht mithin von
denjenigen Thatbestandsmerkmalen ab, welche der allgemeine
Begriff des Verbrechens erfordert und will nur die zu einem
konkreten Verbrechensbegriff im Gebiete des Thatsächlichen
erforderliche Merkmale bezeichnen.

§ 8.

Somit ist nach Reichsstrafrecht zum dolus nichts weiter
erforderlich, als dass der Thäter dasjenige will, was die
Strafrechtsnormen verbieten. Die Schuld liegt schon in dem
Wollen des vom Gesetzgeber als rechtswidrig Verbotenen.
Freilich muss der Thäter Wissenschaft von allen wesentlichen
den Thatbestand des Delikts bildenden Merkmalen haben.
Der § 59 des Deutschen Strafgesetzbuches drückt dies sehr
bestimmt aus, indem er die Zurechnung einer Handlung zum
dolus abhängig macht von der Kenntnis des Thäters hinsichtlich der zum Thatbestande des Delikts gehörigen, wesentlichen
Thatumstände.[2] Darnach erfordert beispielsweise der dolus

---

[1] Dies läugnet allerdings auch Ortmann, Gerichtssaal, Bd. XXX,
S. 35 u. Bd. XIX, S. 245. Vgl. dagegen Schütze, S. 129 N. 9; Schwarze,
Comm. Nr. 13, Abs. 3, u. Olshausen, Comm. zu § 59 Nr. 23.
[2] Nach Rubo, Comm. zu § 59 N. 4 soll dieser Paragraph zum
dolus in keiner Beziehung stehen.

beim Ehebruch (§ 172 des R.-St.-G.-B's.) nur das Wissen des
Thäters, dass die Person, mit welcher er den Beischlaf vollzogen hat, verheiratet war, der dolus bei der Bigamie (§ 171)
nur das Wissen des Thäters bei Eingehung der neuen Ehe,
dass er noch verheiratet sei, der dolus bei der Blutschande
(§ 173) nur, dass die Schuldigen den zwischen ihnen bestehenden
nahen Grad der Blutsverwandtschaft oder Schwägerschaft
gekannt haben. Darauf, ob die Schuldigen auch die Rechts-
normen gekannt haben, welche den Ehebruch, die Bigamie,
die Blutschande (vgl. Meyer, Gerichtssaal 1881, S. 119 und
das Urteil des Reichsgerichts vom 10. November 1881 (I. Strafsenat) Bd. V, S. 160) verbieten, kommt nichts an. Wer aber
nicht gewusst hat, dass die Frauensperson, mit welcher er
den Beischlaf vollzogen, eine verheiratete oder eine ihm
verwandte oder verschwägerte Person gewesen, oder wer
durch irgend eine Unkenntnis der eherechtlichen Normen seine
Ehe für geschieden erachtete, während sie rechtlich noch
bestand, und infolge dieses Irrtums eine neue Ehe einging,
der ist wegen dieses Irrtums straflos; denn er kannte nicht
diejenigen Merkmale der That, welche derselben erst den
strafrechtlichen Character verleihen. Das Gleiche gilt von
Demjenigen, der einem Andern eine Sache wegnimmt, welche
er aus Unkenntnis civilrechtlicher Bestimmungen für seine
eigene hält. Auch hier fehlt es an der Kenntnis eines wesentlichen Deliktsmerkmals. Dergleichen Fälle liessen sich noch
viele aufzählen. Der Subsumtionsirrtum schliesst hier, nur
insoweit er das Civilrecht, also nicht das Kriminalrecht,
betrifft,[1] den dolus aus. Somit fällt die Anwendbarkeit des
Strafgesetzes weg, wenn dem Angeschuldigten das Bewusstsein der Rechtswidrigkeit fehlte, weil er eine civilrechtliche

---

[1] Vgl. die bei Oppenhoff zu Tl. I, Absch. IV, Nr. 7, S. 129 citierten Entscheidungen und das Urteil des Reichsgerichts vom 16. April
1880 (II. Strafsenat, Bd. I, S. 370), ferner von Buri, Gerichtssaal.
Bd. XIX, Beilage S. 175, Hälschner, System I, S. 260, Schütze,
Lehrb. S. 128 n. 6, Rüdorff, Comm. zu § 59 n. 6, Olshausen, Comm.
zu § 59 N. 12, Lucas, a. a. O. S. 65 ff,

Berechtigung zur Vornahme der betreffenden Handlung zu
haben vermeinte, überhaupt im Falle von Unkenntnis der
thatsächlichen Voraussetzungen des Strafgesetzes, wenn dieselbe sich auch auf eine rechtsirrtümliche Auffassung gesetz-
licher Bestimmungen zurückführen lässt, die nicht selbst Strafgesetze sind.

Nur eine Folge dieses Prinzips spricht al. 2 des § 18
des Gesetzes, betreffend das Urheberrecht vom 11. Juni 1870,
aus: „Die Bestrafung des vorsätzlichen oder fahrlässigen
Nachdrucks bleibt jedoch ausgeschlossen, wenn der Veran-
stalter desselben aufgrund entschuldbaren thatsächlichen
oder rechtlichen Irrtums in gutem Glauben gehandelt hat.[1])

Dagegen giebt es Normen, welche gewisse Strafgesetze
erläutern und ergänzen, ferner Normen, welche ganz allgemein
gefassten Strafgesetzen (nach Binding, Normen I, S. 271 fg.
sogenannten Blankettgesetzen)[2]) erst ihren positiven Inhalt
gewähren. Solche Normen sind als integrierende Bestand-
theile derjenigen Strafrechtsnormen aufzufassen, zu welchen
sie gehören; sie bilden mit diesen ein einheitliches Ganze.
Deshalb kann sich der Übertreter solcher Normen nicht mit
deren Unbekanntschaft entschuldigen. Dergleichen Normen
sind z. B. die infolge der zollgesetzlichen Bestimmungen gehörig bekannt gemachten Verwaltungsvorschriften (Vereins-
zollgesetz vom 1. Juli 1869, § 163), ferner alle eine Strafvorschrift ergänzenden Erlasse, z. B. die aufgrund des Marken-
schutz-Gesetzes vom 30. November 1874, § 20 durch das
Reichsgesetzblatt veröffentlichten Bekanntmachungen, ferner
die Reichs- oder Landesgesetze, welche die Blankettstrafgesetze
(z. B. § 145, 360 No. 9, 367 No. 9) ergänzen resp. ausfüllen.[3])

---

[1]) Hier ist nur der civilrechtliche Irrtum, nicht der Irrtum hinsichtlich der Strafbarkeit des Nachdrucks als solcher gemeint. A. M.
scheint Binding, (Normen II, S. 499, N. 719) zu sein.

[2]) Heinze, der auf die Natur dieser Gesetze zuerst aufmerksam
machte, nannte sie blinde Strafdrohungen.

[3]) Vgl. dagegen Annalen des Reichsgerichts von Braun u. Blum
V, 138; Urteil des Reichsgerichts vom 10. Dezember 1881; wo die gegen-
teilige Ansicht nicht unbedingt ausgeschlossen wird.

Ein anderer Versuch. das Bewusstsein der Rechtswidrigkeit für den positiv rechtlichen Begriff zu retten, ist dadurch gemacht worden, dass man die Notwendigkeit desselben aus dem positivrechtlichen Zurechnungsfähigkeitsbegriff hat ableiten wollen. Man deduzierte folgendermassen: der Gesetzgeber verlangt in den §§ 55, 56 des R.-St.-G.-B.'s zur Zurechnungsfähigkeit des Thäters dessen Einsicht in die Strafbarkeit des von ihm begangenen Delikts, folglich im konkreten Falle Kenntnis der Strafrechtswidrigkeit seiner That. Allein der § 51 des R.-St.-G.-B.'s fordert nur die Fähigkeit der Selbstbestimmung und die zur Erkenntnis der Strafbarkeit erforderliche Einsicht (Intelligenz) als Bedingung der Zurechnungsfähigkeit, fordert aber nicht den gehörigen Gebrauch dieser Urteilskraft im konkreten Falle.[1]) Derjenige. der bei entsprechendem Gebrauch seiner Geisteskräfte imstande ist, die Strafwürdigkeit seines Verhaltens einzusehen, wird demjenigen gleichgestellt, der sie wirklich eingesehen hat.

§ 9.

Es ist auch erklärlich, wie der deutsche Gesetzgeber dazu gekommen ist, sich den dolus ohne das Bewusstsein der Rechtswidrigkeit zu konstruieren. Der deutsche Gesetzgeber ging von der Ansicht aus, dass er in dem Strafgesetzbuch keine Handlung mit Strafe bedroht habe, die sich nicht jedem altersreifen, zurechnungsfähigen Menschen als eine unerlaubte von selbst ankündigte. Er glaubte deshalb, wie dies hinsichtlich der meisten strafbaren Handlungen auch von denjenigen geschieht, welche das Bewusstsein der Rechtswidrigkeit für den Dolusbegriff erfordern, auf den bequemen Einwand eines Rechtsirrtums oder der Nichtkenntnis der übertretenen Strafrechtsnorm seitens des Verbrechers keine Rücksicht nehmen zu sollen (vgl. Binding, Normen II. S. 65. 66). Nun giebt

---

[1]) D. A. war früher auch der Verf. dieser Abhandlung. Vgl. dessen „Zurechnungsfähigkeit" (Breslau 1878), § 73.

es ausser dem deutschen Strafgesetzbuch eine Anzahl von Strafbestimmungen, welche kriminalpolitischen und ähnlichen Gründen ihre Entstehung verdanken, und welche, wie Osenbrüggen (Abhandlungen aus dem deutschen Strafrecht I, S. 31) sagt, nicht in der Idee der Gerechtigkeit wurzeln. Diese haben vorzüglich in der Spezialgesetzgebung des Reichs oder in einzelnen Partikularstrafgesetzen ihren Sitz und sind ihrer Beschaffenheit nach nur für eine besondere Klasse von Berufsgenossen bestimmt. Bezüglich dieser Strafbestimmungen nahm der Gesetzgeber an, dass, wenn sie von Berufsgenossen übertreten werden, dies nur entweder mala fide, oder durch verschuldete Unkenntnis geschehen könne. Der Gesetzgeber verlangt nicht, dass jedermann seine Strafbestimmungen kennen solle, aber er verlangt, dass der engere Kreis der Interessenten, für welche jene Bestimmungen gegeben sind, sich mit jenen Bestimmungen bekannt mache,[1]) wie John (Entwurf, S. 293) sagt: „Es ist auch gar nicht nötig, dass jeder alle Gesetze kennt. Ich weiss es nicht, was ich zur Vermeidung von Strafe unterlassen müsste, wenn ich Inhaber einer Fabrik von Zündhölzchen wäre; aber wenn ich einen solchen Industriezweig betriebe, so würde ich es wissen; ich weiss nicht, was ich zur Vermeidung einer Steuerstrafe thun oder lassen müsste, wenn ich Brennereibesitzer wäre; aber wenn ich Brennereibesitzer wäre, so würde ich es wissen."[2])

Es ist nicht zu läugnen, dass auch der grösste Teil der im 29. Abschnitt des R.-St.-G.-B.'s bedrohten Uebertretungen derart ist, dass in den meisten civilisierten Staaten eine gewisse Uebereinstimmung besteht, und dass Personen von gewöhnlicher Lebenserfahrung sich eine zureichende Kunde der gewöhnlich vorkommenden, sowie der in ihre Berufsverhältnisse einschlagenden Bestimmungen verschaffen können. Dessen-

---

[1]) Vgl. die Abhandlung von Wahlberg über die Fahrlässigkeit in den juristischen Blättern (1882), Nr. 14.
[2]) Vgl. die bei Oppenhoff, Comm. zu Teil I, Abschn. IV, Nr. 7 citierten Entscheidungen des Preuss. Obertribunals.

ungeachtet sind doch Vorschriften, besonders polizeilicher
Natur denkbar, welche lediglich durch ganz spezielle, oder
lokale Verhältnisse, die überdies bisweilen nur vorüber-
gehende Geltung haben, hervorgerufen sind, und welche infolgedessen nicht von jedermann, insbesondere nicht von Fremden,
die das Staatsgebiet betreten, gekannt zu sein brauchen. In
dieser Hinsicht ist kaum der Richter oder der Polizeibeamte
imstande, das gewaltige Material der Quellen seines positiven
Strafrechts zu beherrschen.[1] Allein nicht nur für solche,
auch für andere in ihren Folgen weit schwerer wiegende
Fälle, bleibt wie oben gezeigt die Anomalie bestehen, dass
jemand, obgleich ihn bezüglich seines Rechtsirrtums ein Verschulden nicht trifft, mit Strafe belegt werden muss. Mag
nun diese Auffassung des Gesetzgebers eine zu rigoristische
sein, indem sie das öffentliche Interesse über Gebühr berücksichtigt; soviel steht fest, der Gesetzgeber hat diese Auffassung gehabt, und desshalb muss sie in der Rechtssprechung
zum Ausdrucke gelangen. Erscheint aber das Bewusstsein der

---

[1] Deshalb bestimmte der Art. 21 des Bayrischen Polizeistrafgesetzbuches vom 10. November 1861: „Unkunde von Polizeivorschriften
begründet im Allgemeinen weder Ausschliessung noch Minderung der Strafbarkeit. Ergiebt sich jedoch aus den Umständen, dass die Uebertretung
einer nicht allgemein bekannten orts-, distrikts- oder polizeilichen Vorschrift verübt worden ist, weil der Uebertreter diese Vorschrift nicht gekannt hat, so ist der Polizeirichter ermächtigt, auf eine geringe Geldstrafe
zu erkennen, oder, soferne der Thäter die übertretene Vorschrift nicht leicht in Erfahrung bringen konnte, denselben loszusprechen." Dagegen sagt selbst Heinze (Gerichtssaal
XIII, S. 443), dass es Normen gebe, deren Verletzung ohne kriminelle
Verschuldung sehr wohl denkbar sei, dass aber die Behandlung des Rechtsirrtums eine verschiedenartige sein müsse. „Bald erscheint seine Beachtung
jedenfalls ausgeschlossen, sei es, dass die Kenntnis fingirt, oder dass sie
für gleichgültig erklärt wird; bald streitet die Präsumtion für die
Kenntnis und ist der Gegenbeweis nachgelassen etc. etc. Die Wissenschaft des Rechts muss darauf verzichten, die Folgen des
Rechtsirrtums hier in allgemeinen Sätzen nachzuweisen;
sie hat der Politik das Feld zu räumen, deren Aufgabe es
ist, die anzuwendenden Regeln zu schaffen." Vergl. auch
S. 448.

Rechtswidrigkeit nach Reichsstrafrecht als ein Erfordernis des dolus ausgeschlossen, so kann auch der Mangel dieses Bewusstseins allein — und das ist für die begriffliche Bestimmung der culpa nach Reichsstrafrecht entscheidend — nicht culpa begründen. Vielmehr muss in denjenigen Fällen, in denen zwar das Bewusstsein der Rechtswidrigkeit aus Irrtum oder.Unwissenheit des Subjekts fehlt, schon dolus angenommen werden, wenn das Subjekt die Handlung mit der richtigen Vorstellung ihres Erfolges wollte. Daher irrt Lucas, wenn er sagt (a. a. O. S. 113): „Da alle Fahrlässigkeit auf Irrtum beruht, und es auf die Entschuldbarkeit des letzteren ankommt, versteht es sich von selbst, dass der Rechtsirrtum hier ganz denselben Grundsätzen folgt, wie der Thatirrtum, die Fahrlässigkeit mithin ausschliesst, wenn er unter den besonderen Umständen des konkreten Falles entschuldbar erscheint. Derjenige also, der bei seinem Handeln eine geltende Rechtsvorschrift, etwa eine Polizeiverordnung, übertritt, ist, obwohl er sich in Rechtsunkenntnis befand, dann zu bestrafen, wenn ihm nach der konkreten Sachlage aus dem Nichtkennen der Vorschrift der Vorwurf mangelnder Aufmerksamkeit gezogen werden kann, und dann zu entschuldigen, wenn ein solcher Vorwurf nicht begründet erscheint. Der Rechtsirrtum hat mithin hier eine ganz andere Bedeutung, wie bei dem dolus." Nach dem von Lucas gegebenen Dolusbegriff kann es aber, sobald das vorsätzliche Handeln gegen eine Strafrechtsnorm feststeht, gar nicht mehr darauf ankommen, ob ein Rechtsirrtum bezüglich der Strafrechtsnorm vorliegt; mithin kann auch für den Fall des Fehlens dieser Kenntnis die Frage, ob dieser Mangel ein entschuldbarer ist, oder nicht, gar nicht mehr gestellt werden. Es liegt vielmehr in allen Fällen, in denen das Gesetzbuch sei es die dolose Begehung allein sei es die kulpose Begehung neben der dolosen unter Strafe stellt, stets schon eine dolose Begehung vor, wenn der durch die Strafrechtsnorm verbotene Thatbestand vorsätzlich verwirklicht worden ist, wenn auch feststeht, dass der Angeklagte die von ihm übertretene Strafrechtsnorm nicht gekannt hat. Die culpa kann sich nach Reichsrecht nur auf einen Irrtum der Kausalität beziehen. Diese Ansicht wird auch in dem Urteil des Reichsgerichts vom 18. November 1884 (III. Strafsenat, XI, S. 93 ff.) ausgesprochen. Der Vorderrichter hatte die Freisprechung der Angeklagten von der aus § 14 des Gesetzes über den Markenschutz vom 30. November 1874 erhobenen Anklage darauf gestützt, dass der Angeklagten das Bewusstsein der Widerrechtlichkeit ihrer Handlungsweise und daher der vom § 14 geforderte Dolus gefehlt habe. Der Vorderrichter nahm an und stellte fest, dass die Angeklagte bei ihrer That (Verwendung einer verwechselungsfähigen Marke für die von ihr gefertigten Waren) sich zu derselben vollkommen für berechtigt gehalten habe, weil sie (wenn auch rechtsirrtümlich) angenommen hätte, dass sie der Klägerin nicht zu nahe träte, wenn sie (die Angeklagte) ihre eigenen Fabrikate in Deutschland, welche von Frankreich aus fest bestellt und für Frankreich bestimmt waren, mit Warenzeichen versehen habe, welche mit denen der Klägerin identisch seien. Das Reichsgericht führt dagegen aus, „dass nach § 14 des Markenschutzgesetzes schon doloses Handeln vorliege mit der Kenntnis der thatsächlichen Voraussetzungen, in denen das Gesetz den Thatbestand der strafbaren Handlung findet (§ 59 des R.-St.-G.-B.'s), also mit der Kenntnis des Bestehens des Schutzrechtes eines andern Gewerbtreibenden und der Kenntnis fehlenden eigenen Rechts zur Benutzung der für den ersteren geschützten Marke zur Bezeichnung der Warengattungen, auf welche sich der vom Gesetz gewährte Schutz bezieht, dass dagegen eine auf irrtümlicher Auffassung des Strafgesetzes selbst beruhende Annahme nicht widerrechtlichen, straflosen Handelns den strafrechtlichen dolus nicht auszuschliessen vermag[1] u. s. w."

---

[1] Vergl. auch das Urteil vom 17. Januar 1884 (I. Strafsenat, IX, S. 424) „. . . . denn gerade in einem verschuldeten Irrtum über die Kausalität der Handlung beruht das Wesen der Fahrlässigkeit. Ferner das Urteil vom 29. Sept. 1884 (III. Strafsenat, XI. S. 108, 109).

von Liszt (Lehrbuch S. 157) und Meyer (Lehrbuch
II. Auflage, S. 159), welche für das Reichsstrafrecht den hier
eingenommenen Standpunkt teilen, erkennen ausnahmsweise das
Bewusstsein der Rechtswidrigkeit nach Reichsstrafrecht bei
denjenigen Delicten als ein Erfordernis des dolus an, bei
welchen das Gesetz selbst dieses Bewusstsein als ein Moment des
Thatbestandes hervorhebt, so besonders beim Diebstahl (§ 242),[1])
beim Hausfriedensbruch (§§ 123. 124), bei der Freiheitsberaubung (§§ 239. 240. 241) und bei der widerrechtlichen
Verhaftung (§§ 339. 341).[2]) Man kann diese Ausdrucksweise
ohne Zwang nur in dem Sinne verstehen, dass die Regel des
§ 59 des R.-St.-G.-B.'s, nach welcher die Vorstellung des
handelnden Subjekts alle Merkmale des besonderen Thatbestandes umfassen muss, hier ausnahmsweise auch auf die
Rechtswidrigkeit ausgedehnt wird. „Soweit der Gesetzgeber
das Merkmal der Rechtswidrigkeit in den besonderen Thatbestand aufgenommen hat, bedarf es," wie von Liszt (Lehrbuch S. 154) sagt, „nicht nur ausdrücklicher Feststellung
der Rechtswidrigkeit im Urteile (d. i. eine Richtung der
gesetzgeberischen Absicht), sondern die Schuld muss in diesen

---

[1]) Das Urtel des Reichsgerichts vom 9. Februar 1880 (I. Strafsenat,
I. S. 194) scheint nicht gerechtfertigt. Ungeachtet des Widerspruchs der
Praxis (vergl. z. B. Lucas a. a. O. S. 94. N. 3) muss daran festgehalten
werden, dass mit den Worten des § 242 des R.-St.-G.-B.'s in der Absicht
rechtswidriger Zueignung" der vom Gesetzgeber verlangte Nachweis
des Bewusstseins der Rechtswidrigkeit der Wegnahme seitens der Angeklagten ausgedrückt werden sollte. Die entgegengesetzte, auch vom
Reichsgericht geteilte Ansicht, welche sich auf Grund des Wortlautes des
§ 242 des R.-St.-G.-B.'s mit der objektiven Rechtswidrigkeit der Wegnahme
begnügt, würde dem Gesetzgeber die Sanktionierung einer Ungerechtigkeit
zutrauen, die ohne Zwang nicht angenommen werden darf.

[2]) Vgl. das Urteil des Reichsgerichts vom 15. Febr. 1883 (III. Strafsenat, Entschdg. Bd. VIII. S. 104); ferner Rotering in Goltdammer's
Archiv (1883) S. 354. Indess fordert dieser auch in denjenigen Uebertretungsfällen, wo der Gesetzgeber die Worte „unbefugt, unberechtigt,
ohne Genehmigung" gebraucht, die Feststellung des Bewusstseins der
Rechtswidrigkeit seitens des Thäters. Dagegen Lucas a. a. O. S. 115.

Fällen, sei es als Vorsatz sei es als Fahrlässigkeit, auch dieses Merkmal des Thatbestandes mit umfassen. In allen hierhergehörenden Fällen handelt es sich durchaus um solche Normen, deren als Regel gedachte Herrschaft durch zahlreiche Ausnahmen durchbrochen wird, so dass ein Zweifel darüber, ob ein konkreter Fall unter die Regel oder unter eine der Ausnahmen zu subsumieren sei, leicht möglich ist und Berücksichtigung verdient."

III. Über den Umfang und über die Beschaffenheit der strafbaren Fahrlässigkeit.

§ 10.

Es fragt sich, in welchen Fällen liegt strafbare Fahrlässigkeit vor. Diese Frage zerfällt in zwei Unterfragen:

1. Bei welchen Delikten will der Gesetzgeber auch die fahrlässige Begehung bestraft wissen? (Quantitative Bestimmung der strafbaren Fahrlässigkeit.)
2. Unter welchen Umständen hat sich in einem bestimmten Falle eine bestimmte Person einer strafbaren Fahrlässigkeit schuldig gemacht? d. h. wie muss die strafbare Fahrlässigkeit im konkreten Falle beschaffen sein? (Qualitative Bestimmung der strafbaren Fahrlässigkeit.)

A. Quantitative Bestimmung der strafbaren Fahrlässigkeit.

§ 11.

An sich kann jedes Delikt, nicht nur vorsätzlich, sondern auch fahrlässig begangen werden, z. B. ein Diebstahl, falls derjenige, welcher eine fremde Sache einem Anderen weg-

genommen hat, durch mangelhafte Sorgfalt zu der irrtümlichen
Annahme verleitet worden war, jene Sache sei seine eigene;
eine Unzucht mit einer Person unter 14 Jahren, falls Derjenige,
welcher die unzüchtige Handlung vorgenommen hat, sich infolge
mangelhafter Sorgfalt zu der irrtümlichen Annahme verleiten liess,
die vergewaltigte Person sei älter als 14 Jahre. Von Alters-
her hat die Gesetzgebung in diesen und anderen Fällen
(z. B. bei der Freiheitsberaubung und bei der Sachbeschädigung)
auf eine Kriminalisierung der durch culpa verursachten
Rechtsverletzungen verzichtet.

Im römischen Recht[1]) wurde die culpa erst spät öffent-
lich strafbar behandelt. In der ältesten Zeit war eine
Scheidung zwischen dolus und culpa noch nicht vollzogen.
Der privatrechtliche Charakter des Strafrechts herrschte noch
vor; die Strafe war dieselbe ohne Rücksicht auf die innere
Natur der Handlung, aus welcher das Verbrechen entstanden
war (Gellius XX, 1.). Noch zur Zeit der quaestiones
perpetuae wurde die kulpose Begehung eines Verbrechens
regelmässig als Zufall (casus) betrachtet und von der Anwendung einer eigentlichen (öffentlichen) Strafe abgesehen
(1. 7 Dig. ad leg. Corn. de sicc. (48. 8) und Gains III. 211).
Erst in der späteren Kaiserzeit scheint die culpa ausnahmsweise in einzelnen Fällen extra ordinem bestraft worden zu
sein, so namentlich bei Tötung, Brandstiftung, Kindes-
abtreibung, Entweichenlassen von Gefangenen.[2]) L. 6. § 7.
D. de offic. praes. (1. 18.); L. 9. D. de incend. (47. 9.);
L. 2. D. de term. mot. (47. 21.); L. 12. D. de custod.
reor. (48. 3.); L. 1. § 3. L. 4. § 1. D. ad L. Corn. de
sicar. (48. 8.); L. 38. § 5. D. de poen. (48. 19.). Aber
auch in der späteren Kaiserzeit, als sich die culpa bereits

[1]) Vgl. Rein, das Kriminalrecht der Römer von Romulus bis auf
Justinian (1844) S. 162 ff.; Geib, Lehrbuch des deutschen Strafrechts (1862)
II. § 94; Köstlin, die Lehre vom Mord und Todschlag I. S. 141; Bekker,
Theorie II. § 30; Pernice, Labeo II. S. 239 ff., 377. Binding, culpose
Verbrechen im gemeinen römischen Rechte? (Zwei Programme 1877).
[2]) A. M. Binding, a. a. O., Progr. II. S. 7 flg.

vom casus losgelöst hatte[1]) (L. 12. pr. D. de custod. reor.
(48. 3.); L. 11. § 2. D. de poen. (48. 19.),) hat sich der
kriminalistische Culpabegriff nie klar entwickelt, und fast in
allen Stadien ihrer Rechtsentwickelung bedienten sich die
Römer der Ausdrücke culpa und casus promiscue. Die Bedeutung eines technischen Ausdruckes hat das Wort culpa in
den römischen Quellen nicht erlangt.[2]) Bekker (Theorie
S. 460) sagt daher nicht mit Unrecht, dass auf den Satz,
„die culpa stehe als niedere strafbare Schuldart neben dem
dolus,“ das, was seitens der Römer für die Ausbildung der
Culpalehre gethan, zu beschränken sei.

Das Deutsche[3]) Recht nahm eine ähnliche Entwickelung,
wie das Römische. In der frühesten Zeit war Zufall und
culpa noch nicht geschieden. Beide waren noch gleichwertig
(Wilda a. a. O. I. S. 578). Erst im Mittelalter entwickelte
sich unter dem Einflusse des kanonischen Rechts[4]) die Ansicht von einer Strafbarkeit der culpa, aber nicht allgemein,
sondern anfangs nur für kulpose Tötung (Rogge, Gerichts-
wesen, S. 32; C. 9. X. de injur. 5. 36; c. 2. 3. 7—9. 12—16.
22. 23. X. de homic. volunt. v. casual. (5. 12.); c. 3. in 6°
eod. (5. 4.),) ein Standpunkt, an dem in den Rechtsbüchern
des Mittelalters (vgl. die sorgfältige Kasuistik im Schwaben-
spiegel (Ausgabe von Lassberg) cap. 182—184, im
Rechtsbuch Ruprechts von Freisingen, cap. 119—121[5])
und sogar noch in der Carolina, Art. 146. 180. fest-

---

[1]) Winssinger, Respons. ad quaest. quaenam sit differentia inter
delicta dolosa et culposa. Bruxellis (1824) p. 124 sqq.

[2]) Hasse, die culpa des römischen Rechts, II. Ausg. (1838) S. 417 ff.
Die Ansicht Bindings (Normen II. S. 338 ff.), dass die culpa lata des
römischen Rechts stets rechtswidrigen Vorsatz erfordere, wird von Pernice a. a. O., S. 244, Windscheid, § 101, Dernburg, Pandekten (1885)
I. S. 195. N. 8 und Lucas, a. a. O., S. 106 bestritten.

[3]) Wilda, Strafrecht der Germanen I. S. 578. Köstlin, Syst. I. § 65.

[4]) Bekker, Theorie II. § 30.

[5]) Vgl. ferner Geib a. a. O. § 94 und John, Strafrecht z. Z. der
Rechtsbücher I. S. 5 ff., und Osenbrüggen, Alamannisches Strafrecht, S. 142.

gehalten wird, wenn auch hier bereits der Kreis der
kulposen Delikte bedeutend erweitert erscheint.
Der von der älteren gemeinrechtlichen Theorie und
Praxis (vgl. Carpzov, Practica nova quaest. 141, n. 30 sqq.;
Leyser, sp. 154, med. 9 sqq.) aufgestellte Satz, dass die
Fahrlässigkeit ganz allgemein (bei allen Delikten, deren Begriff dies überhaupt zulässt,) bestraft werden müsse,[1] scheint
aus der Anschauung der italienischen Juristen hervorge-
gangen zu sein, welche bereits früher die culpa allgemein für
strafbar erklärten.[2]

Doch findet sich schon bei den italienischen Praktikern,
z. B. bei Bajard. ad Clar. § fin. qu. 84 N. 9. 10. Jac. de
Bellovis. III c. 26 § 7 und im Anschluss an diese bei
Carpzov 9. 127 und 142 die Anschauung, dass gewisse
Delikte ihrer Natur nach nur dolose begangen werden können.
Der Satz von der allgemeinen Strafbarkeit der culpa lässt
sich aus den römischen Quellen sicher nicht beweisen, ja nicht
einmal der Satz, dass jede culpa bei der Tötung bestraft
wurde, ist richtig (Köstlin, die Lehre von Mord und Tot-
schlag I. S. 141).

In der deutschen Partikulargesetzgebung herrschte
grosse Verschiedenheit.

Die Theresiana (Art. 3, § 1—4) und der Cod. Maximil.
(I. c. 1, § 3) stellen die culpa nach der irrtümlichen älteren,
gemeinrechtlichen Anschauung als eine allgemeine Schuldart
neben den dolus.

Ähnlich das Preussische Landrecht (II. 20, § 28—34).
Es erkennt allgemein denjenigen der Fahrlässigkeit schuldig,
welcher bei Übertretung des Strafgesetzes zwar die gesetz-
widrige Folge seiner Handlung nicht wirklich vorausgesehen

---

[1] Wächter, I. S. 129. 219.
[2] Gandinus, Rubr. de homicid.; Angelus Aretinus, De malefic.
v. Scienter dolose Nr. 13—15, p. 106. 107. v. Incendiario Nr. 4—6, p. 146.
Jac. de Bellovis. III. 26. N. 7. Menochius, de arbitrar. judic. II.
cas. 324 u. 400. Clarus, § fin. homicid. N. 1—3, qu. 84. N. 1. Decianus I. cons. 9. N. 1. Aegidius Bossius, de homicid. N. 53, sqq. u. a.

hat, aber bei gehöriger Aufmerksamkeit und Überlegung hätte
voraussehen können. In derselben Richtung, nur mehr lehr-
buchähnlich, äussert sich das bayrische Strafgesetzbuch von
1813, Art. 64: „Jeder Unterthan ist schuldig, gefährliche
Handlungen zu unterlassen und in jedem Unternehmen mit
gehöriger Aufmerksamkeit und Bedachtsamkeit zu verfahren,
damit er auch nicht unabsichtlich Andere an ihren Rechten
verletze oder Gesetze des Staates übertrete. Wer dieser
Verbindlichkeit zuwider etwas gethan oder unterlassen hat,
woraus ohne seine Absicht eine in diesem Gesetzbuch enthaltene Übertretung entstanden ist, wird deshalb wegen Vergehen aus Fahrlässigkeit verantwortlich."

Das ältere österreichische Gesetzbuch schweigt über
die culpa gänzlich.

Die neueren Partikularstrafgesetzbücher strafen
regelmässig nur den dolus und nur ausnahmsweise die
kulpose Begehung eines Delikts, und zwar nur in denjenigen
Fällen, in welchen das Gesetz ausdrücklich die Strafe androht,
so Württemberg, Art. 138; Braunschweig, § 26, 29;
Hannover, Art. 46; Thüringen, Art. 30; Sachsen, Art. 48.
(Vgl. Wächter, Sächsisches Strafrecht, S. 412 ff.); Hessen-
Darmstadt, Art. 57; Baden, § 102.[1]) Der Kreis der Delikte,
welche in den genannten Gesetzbüchern bei kulposer Begehung
für strafbar erklärt werden, ist ziemlich eng gezogen; meist
wird nur kulpose Tötung, Körperverletzung, Brandstiftung,
Verursachung einer Überschwemmung, Beschädigung von
Eisenbahnen und Befreiung von Gefangenen bedroht. —

Der Cod. pénal Art. 319, 320, 458 (Hélie Théorie, vol. 5,
pag. 467, 470) erklärt gleichfalls nur in einzelnen bestimmten
Fällen die culpa (par maladresse, imprudence, inattention,
négligence ou inobservation de réglements) für strafbar.

---

[1]) Bei Polizeiübertretungen soll indessen nach einigen Partikular-
strafgesetzbüchern (z. B. Hessen-Darmstadt, Polizeistrafgesetzbuch, Art.
22, und Bayrisches Polizeistrafgesetzbuch, Art. 19) die culpa regelmässig
wie der dolus bestraft werden.

§ 11.

Mit verschwindenden Ausnahmen weist die neuere positiv-rechtliche Entwickelung die Straflosigkeit der culpa als Regel auf. Das Interesse des Staats an der Bestrafung des durch culpa Schaden verursachenden Thäters ist nur bei Verletzung oder Gefährdung der höchsten Lebensgüter (Leib und Leben) oder des Staates selbst vorhanden. In der Mehrzahl der durch culpa verursachten Schädigungen giebt daher das positive Recht dem Verletzten nur Ansprüche auf Schadensersatz. Mit der Reparation des Schadens erscheint die Verletzung beglichen. Man spricht hier von einer Civilculpa im Gegensatze zur Criminalculpa.

Auf demselben Standpunkte stand das preussische und steht das auf ihm ruhende deutsche Reichsstrafgesetz-buch. In der Regel gelten die Strafbestimmungen im Reichs-strafgesetzbuch nur für vorsätzlich begangene Handlungen. Dagegen sind fahrlässige Handlungen der Regel nach nur dann strafbar, wenn deren Begehung ausdrücklich unter Strafe gestellt ist. Ausdrücklich bedroht das R.-St.-G.-B. die fahr-lässige Begehung mit Strafe in dem § 121, Abs. 2 in Ver-bindung mit § 347, Abs. 2 (Befreiung von Gefangenen), § 222. 230 (Tötung und Körperverletzung), § 163 (Meineid), § 309. 311. 314. 316. 318. 319. 326. 329 (gemeingefährliche Ver-gehen, nämlich: Brandstiftung und Überschwemmung, Ge-fährdung eines Eisenbahntransports, Hinderung oder Störung von Telegraphenanstalten, Zerstörung oder Beschädigung von Wasserleitungen, Schleusen u. s. w., Zerstören oder Unbrauch-barmachen von Feuerzeichen für die Schifffahrt, Strandung eines Schiffes, Vergiftung von Brunnen und von Gegenständen, die zum öffentlichen Verkaufe oder Verbrauche bestimmt sind; fahrlässige Nichterfüllung von Lieferungsverträgen über Be-dürfnisse des Heeres oder über Lebensmittel zur Abwendung eines Nothstandes in Kriegs- und Nothstandszeiten), § 345 (Vollstreckung einer Strafe, welche nicht vollstreckt werden darf). Die Beleidigung (§ 186 des R.-St.-G.-B.'s), bestehend

in der Behauptung oder Verbreitung einer Thatsache etc. etc.,
wenn dieselbe nicht erweislich wahr ist, wird sehr häufig[1])
auf Fahrlässigkeit beruhen.[2]) Eine besondere Darstellung dieser Fahrlässigkeitsdelikte erübrigt sich, da sie, wie Lucas (a. a. O. S. 116) zutreffend bemerkt, für die Erkenntnis der Schuldart nichts
besonderes darbieten.[3]) Es mögen daher einige Bemerkungen
über einzelne Fahrlässigkeitsdelikte genügen.

§ 12.

Das fahrlässige Entweichenlassen von Gefangenen
wird in den §§ 121 und 347 des Strafgesetzbuches unter Strafe
gestellt. In beiden Paragraphen handelt es sich um den
nämlichen Thatbestand. Sie unterscheiden sich nur dadurch,
dass der § 121 gegen Private, der § 347 gegen Beamte gerichtet ist. Bei der Beurteilung der Frage, ob den Angeklagten
eine Fahrlässigkeit trifft, fällt ins Gewicht, dass der Beamte

---

[1]) Keineswegs immer. Rupp, Modernes Recht und Verschuldung,
S. 57. — Vgl. ferner über diese Bestimmung v. Wächter, Beitrag zur
Geschichte und Kritik der Entwürfe etc., S. 125 und Binding,
Normen II. S. 611, und dessen Kritik des norddeutschen Entwurfs, S. 52 ff.
und 63.

[2]) Meyer (Lehrbuch S. 171. N. 5 und Gerichtssaal XXXIII. S. 122)
ist der Ansicht, dass im R.-St.-G.-B. zu wenige Fälle strafbarer Fahrlässigkeit hervorgehoben sind. So hätte z. B. auch die fahrlässige Sachbeschädigung mit Strafe bedroht werden sollen. Gerade dieses Beispiel
dürfte unter Berücksichtigung der Volksanschauung nicht glücklich ge-
wählt sein (Vgl. Merkel's Abhandlung über das gemeine deutsche Strafrecht von Hälschuer etc., in der Zeitschrift für gesammte Strafrechtswissenschaft von Dochow und Liszt, I. S. 582. N. 5.). Eher liesse sich
vielleicht kriminale Bestrafung der fahrlässigen Freiheitsberaubung
rechtfertigen, deren Folgen für Ehre, Leib und Leben recht schwer wiegende
sein können, und weil in solchen Fällen die Bestimmungen des R.-St.-G.-B.'s
über Körperverletzung und Beleidigung bisweilen nicht anwendbar sind.

[3]) Eine solche Darstellung giebt von Prittwitz und Gaffron in
seiner Abhandlung: „Ueber die Fahrlässigkeitsvergehen des deutschen Strafgesetzbuches und deren Bestrafung" in Goltdammer's Archiv, XXX.
S. 145 ff.

bei dem Transport von Gefangenen regelmässig an die Beobachtung bestimmter Dienstvorschriften gebunden ist, deren Kenntnis beim Privaten ohne weiteres nicht vorausgesetzt werden kann. Hat die Nichtbeobachtung einer Dienstvorschrift auf die Entweichungshandlung des Gefangenen einen Einfluss nicht gehabt, oder hat sie einen Einfluss gehabt, war der angeklagte Beamte aber ausserstande, der Dienstvorschrift nachzukommen, so kann aus deren Nichtbeobachtung allein ein strafbares Verschulden des Beamten wegen Fahrlässigkeit nicht hergeleitet werden.

In allen Fällen muss der Kausalzusammenhang zwischen der Entweichungshandlung des Gefangenen und dem fahrlässigen Verhalten des Beamten nachweisbar sein. Wenn daher ein Gefangener durch das Fenster seiner Zelle entweicht, im Glauben, die Thür sei verschlossen, obwohl der Aufseher die Thür der Zelle zu schliessen vergessen hatte, so trifft den Aufseher wenigstens aus § 347 No. 2 keine Schuld, da das Offenlassen der Thür auf die Flucht des Gefangenen einflusslos geblieben ist (von Prittwitz, a. a. O. S. 148).

§ 13.

Der § 345 No. 2 des Strafgesetzbuches straft denjenigen Beamten, der aus Fahrlässigkeit eine Strafe vollstrecken lässt, von der er weiss, dass sie überhaupt nicht oder nicht in der Art oder dem Masse nach vollstreckt werden darf. Dieser Paragraph ist nicht anwendbar, wenn das von einem Beamten einem dritten zugefügte Übel nach der Ansicht des Beamten nicht eine Strafe, sondern nur eine im öffentlichen oder im Interesse des Vergewaltigten erforderliche Massregel sein sollte, z. B. ein Amtsvorsteher zwingt Dorfbewohner zur Leistung von Handdiensten, welche als Strafen auferlegt zu werden pflegen, im fraglichen Falle aber zur Abwendung einer, nach der Ansicht des Amtsvorstehers drohenden, Wassersgefahr dienen sollten, oder ein Polizeibeamter lässt einen von einer rohen Menschenmenge Verfolgten trotz dessen Widerstreben zu dessen eigenem Schutz einsperren. — Die Fahrlässigkeit des Beamten besteht in einem unverzeihlichen Irrtume hinsichtlich seiner Strafvollstreckungsbefugnis. Derselbe kann sowohl ein rechtlicher, als auch ein thatsächlicher Irrtum sein. Der Rechtsirrtum des Beamten wird nur in den seltensten Fällen entschuldbar sein. Denn es ist die Pflicht jedes Vollstreckungsbeamten, sich die genaueste Kenntnis seiner Befugnisse zu verschaffen.[1]) Dagegen kann der Beamte sich sehr wohl in einem verzeihlichen thatsächlichen Irrtume befinden, z. B. ein Vollstreckungsbeamter, welcher aufgrund der mit der Vollstreckungsklausel versehenen Abschrift des Urtelstenors die Strafe vollstrecken lässt, obgleich das bei den Akten befindliche Urteil eine mildere Strafe ausspricht. (Vgl. § 483 der R.-Strafprozessordnung.)

Der § 345 findet nur Anwendung, wenn durch die fahrlässige Vollstreckung der Strafe dem Angeklagten ein Nachteil erwachsen ist, also nicht, wenn die vollstreckte Strafe nach Art oder Mass eine mildere war; dies wäre alsdann nicht anzunehmen, wenn die vollstreckte Strafe zwar der Art nach eine mildere (z. B. Gefängnis statt Zuchthaus, worauf erkannt war), aber dem Masse nach eine schwerere (z. B. zwei Jahre Gefängnis statt ein Jahr Zuchthaus) gewesen wäre.

§ 14.

Voraussetzung eines fahrlässigen Falscheides ist, dass dasjenige, was beschworen worden, thatsächlich unwahr sei.[2]) Denn nur die thatsächlich unrichtige eidliche Bekundung

---

[1]) Vgl. die Entscheidungen des vormaligen Preussischen Ober-Tribunals bei Rüdorff (III. Aufl.), Comm. zu § 59. N. 10. S. 227 und den von Thon im Gerichtssaal XXVI. S. 109 mitgetheilten Rechtsfall. Der Ansicht Thon's, wonach weder das Erkennen auf eine unzulässige Strafe noch das Vollstrecken eines unzulässigen Erkenntnisses, sondern lediglich das Vollstrecken einer unzulässigen Strafe den Thatbestand des § 345 N. 2 ausmache, muss beigetreten werden.

[2]) So mit Recht v. Schwarze, Comm. zu § 163. N. 1. A. M. Dochow in v. Holtzendorff's Strafrecht, III. S. 243 und v. Prittwitz, a. a. O. S. 153.

stellt das Gesetz unter Strafe. Stimmt die, wenn auch fahrlässige eidliche Aussage mit der Wirklichkeit überein, so
fehlt es an einem wesentlichen Bestandteile des Thatbestandes.
Die Ansicht, dass ein fahrlässiger Eid vorliege, sowohl wenn
der Schwörende etwas, was er genau wusste, nur als wahr-
scheinlich hinstellt, als auch, wenn er etwas, was er nicht
genau wahrgenommen, mit Bestimmtheit bekundet,[1]) ist daher
unrichtig. In diesen beiden Fällen handelt es sich, wenn
überhaupt eine strafbare Handlung übrig bleibt, gar nicht
mehr um eine fahrlässige, sondern um eine wissentliche
Verletzung der Eidespflicht.[2]) Freilich würde auf diese bei
der Schwierigkeit des Beweises kaum eine Anklage wegen
Meineides gegründet werden können.

Zur Begehung eines fahrlässigen Falscheides, gleichviel,
ob der Eid ein Zeugen-. Sachverständigen- oder Parteieneid
ist, genügt indess noch nicht das Faktum, dass das Beschworene
an sich unrichtig ist, vielmehr muss die Anklage nachweisen,
dass der Falscheid nach der Individualität des Angeklagten
von diesem zu vermeiden gewesen wäre, resp. dass der Angeklagte infolge seiner mangelnden Sorgfalt zu der irrtümlichen Aussage veranlasst worden sei, und zwar wird der
Richter eingedenk bleiben müssen, dass jeder zurechnungsfähige Mensch bei der Ablegung eines eidlichen Zeugnisses
zu ganz besonderer Gewissenhaftigkeit verpflichtet ist.

§ 15.

Eine fahrlässige Tötung (§ 222 des Strafgesetzbuches)
oder dergl. Körperverletzung (§ 230 des Strafgesetzbuches)
liegt vor, wenn der Angeklagte den Eintritt des Todes oder
der Körperverletzung als Folge seines Verhaltens nach dem
gewöhnlichen Verlaufe der Dinge vorhersehen konnte.
In allen Fällen solcher strafbaren Fahrlässigkeit muss der

---

1) v. Prittwitz, a. a. O., S. 153.
2) Olshausen, Comm. zu § 163. 2.

Kausalzusammenhang zwischen dem Verhalten des Thäters und dem Tode oder der Körperverletzung nachgewiesen werden.[1]) Schreibt eine Polizeivorschrift die Beobachtung gewisser Sicherheitsmassregeln vor, so macht sich der Übertreter derselben, wenn bei dieser Gelegenheit der Tod oder die Körperverletzung jemandes eintritt, noch nicht notwendig einer fahrlässigen Tötung oder Körperverletzung schuldig, und umgekehrt: die Beobachtung einer Polizeivorschrift allein schützt noch nicht vor der Möglichkeit der Begehung einer fahrlässigen Tötung oder Körperverletzung.[2]) „Denn die Polizeivorschrift schreibt nur das Mindestmass der aufzuwendenden Sorgfalt vor und bedroht den Zuwiderhandelnden, auch wenn ein schädlicher Erfolg nicht eingetreten ist, mit Strafe."[3])

§ 16.

Bezüglich der Hehlerei, resp. der Partiererei § 259 des R.-St.-G.-B.'s:

„Wer seines Vortheils wegen Sachen, von denen er weiss oder den Umständen nach annehmen muss, dass sie mittels einer strafbaren Handlung erlangt sind, verheimlicht, ankauft, zum Pfande nimmt oder sonst an sich bringt oder zu deren Absatze bei Anderen mitwirkt, wird als Hehler mit Gefängniss bestraft,"

herrscht nun Streit über die Frage, ob mit den Worten „von denen er weiss oder den Umständen nach annehmen muss" nur der Begriff „Wissen" erläutert, resp. der eventuelle Dolus bezeichnet werden sollte, oder ob mit diesen Worten auch die schuldhafte Fahrlässigkeit umfasst werden sollte.

Das Reichsgericht hat sich gleichfalls eingehend mit dieser Frage beschäftigt. In dem Urteile vom 28. April 1880

---

[1]) Vgl. Olshausen, Comm. zu § 222. 2.
[2]) Vgl. die gutgewählten Beispiele bei v. Prittwitz, a. a. O., S. 156 und die Entscheidung des Reichsgerichts vom 2. Dezember 1880 (I. Strafsenat, III. S. 208).
[3]) So v. Prittwitz, a. a. O., S. 156.

(III. Strafsenat, II. S. 140) hat es überzeugend dargethan, dass durch die fraglichen Worte des § 259 nicht die Fahrlässigkeit im Sinne der allgemeinen Grundsätze des R.-St.-G.-B.'s habe mit Strafe bedroht werden sollen. Einer solchen Interpretation stünde der Wortlaut und der Zusammenhang des Gesetzes entgegen. Nach den bei der Redaktion des Strafgesetzbuches befolgten Grundsätzen hätte es, wenn auch die fahrlässige Begehung der Hehlerei hätte unter Strafe gestellt werden sollen, einer hierauf gerichteten besonderen Strafvorschrift bedurft. Ferner wird als ein schwerwiegender Grund gegen die geltendgemachte Auffassung hervorgehoben, dass, wenn derselben zu folgen wäre, man dahin gelangen würde, anzunehmen, dass mittels der beiden Alternativen des § 259 des R.-St.-G.-B.'s Vorsatz und Fahrlässigkeit, obwohl im Gesetze selbst unterschieden, in Beziehung auf die verwirkte Strafe unterschiedslos einander gleichgestellt wären. Das Gesetz könne aber nicht beabsichtigt haben, den Unterschied der Willensrichtung des Thäters nach dolus und culpa für die verwirkte Strafe bei der Hehlerei abweichend von den bis dahin bei der Gesetzgebung befolgten Grundsätzen, und ohne eine solche Abweichung eingehend zu würdigen und zu begründen (Vgl. Motive des Entwurfes zu § 253 (§ 259) S. 128), schlechthin für unerheblich zu erklären.

Ebensowenig könne es in der Absicht des Gesetzes gelegen haben, die Hehlerei als Fahrlässigkeitsdelikt ausnahmsweise und den Grundsätzen des Strafgesetzbuches zuwider mit Zuchthausstrafe zu bedrohen. Die fahrlässig begangene Hehlerei bedinge dem Begriffe der Fahrlässigkeit entsprechend unzweifelhaft eine geringere Strafe.

Ungeachtet dieser richtigen Erkenntnis gelangt das Reichsgericht schliesslich zu der Annahme, „dass es sich bei der Vorschrift des § 259 um ein Spezialgesetz handele, welches „aus praktischen Gründen," wie sich die Motive des Entwurfes zum Reichsstrafgesetzbuch ausdrücken, bei der Hehlerei zwar nicht die Fahrlässigkeit im allgemeinen gesetzlichen Sinne, wohl aber eine culpa lata, den

höchsten, dem dolus nahezu gleichstehenden. Grad
der Fahrlässigkeit, dem dolus in Beziehung auf die
Strafwürdigkeit gleichgestellt und damit dem erkennen-
den Richter zugleich die Abgabe einer richtigen Entscheidung
für diejenigen Fälle erleichtert habe, in welchen die Grenze
zwischen eventuellem dolus und äusserster Fahrlässigkeit
vielfach schwer zu erkennen sei." [1])

Mit Recht hat Lucas (a. a. O. S. 116) auf das Wider-
spruchsvolle dieser reichsgerichtlichen Entscheidung hingewiesen. In ihrem ersten Teile führt sie aus, dass der Ein-
beziehung der Fahrlässigkeit im Sinne der allgemeinen Grundsätze des Strafgesetzbuches Wortlaut und Zusammenhang
des Gesetzes entgegenstände, während der zweite Teil sich
mit dem Beweise beschäftigt, „dass dennoch eine Fahrlässigkeit bestimmter Qualifikation habe betroffen werden sollen,
welche „culpa lata," „der höchste, dem dolus nahezu gleich-
stehende Grad von Fahrlässigkeit genannt wird, während man doch
nicht einsieht, wie diese Art der Fahrlässigkeit sich generisch
von dem im allgemeinen strafgesetzlichen Sinne unterscheidet,
etwas Anderes ist, als eben nur ein Grad dieser letzteren."

Für die richtige Ansicht hat sich der II. Strafsenat des
Reichsgerichts in seiner Entscheidung vom 29. September 1882
(Bd. VII. S. 84) ausgesprochen: „Weder die Fassung des
Gesetzes noch die Natur des Delicts weise darauf hin, dass

---

[1]) D. A. Merkel in v. Holtzendorff's Handbuch III. S. 744 und 747,
IV. S. 430 und diesem folgend Meyer, Lehrbuch (II. Aufl.) § 141. S. 535.
N. 5, ferner v. Buri, im Gerichtssaal, XXIX. S. 51, der aber de lege
ferenda die Bestrafung der Hehlerei auf dolus und dolus eventualis beschränkt wissen will; endlich v. Liszt, Lehrbuch, S. 167, der die Anwendbarkeit des § 259 auf beide Fälle — Vorsatz und Fahrlässigkeit —
bezieht. von Schwarze, Comm. zu § 259. N. 8 deutet die Worte „annehmen muss" im Sinne eines dolus eventualis; allein dann wären die
Worte überflüssig, da das Gesetz in der vorsätzlichen Begehung stets die
dolo eventuali verübten Handlungen einbezieht. Für diejenigen Fälle aber,
in welchen der Erwerber den vitiösen Erwerb des Veräusserers nicht kannte,
kann von einem dolus nicht mehr die Rede sein (Olshausen, Comm.
N. 21. S. 978).

die Sachhehlerei zu den Fahrlässigkeitsdelicten in dem Sinne
gehöre, dass, wenn der Erwerber einer durch eine strafbare
Handlung erlangten Sache sich den Umständen nach in dem
guten Glauben an das ehrliche Erlangtsein der Sache von-
seiten des Veräusserers, bezw. seiner Besitzvorgänger befunden hat, er durch den Erwerb sich strafbar mache, wenn
er dabei aus Fahrlässigkeit die Umstände nicht in Rücksicht
gezogen hat, welche ihm möglicherweise die Ueberzeugung
von dem strafbaren Erlangungsakte hätten verschaffen können.
Das Gesetz, indem es das Wissen von dem Erlangtsein durch
eine strafbare Handlung und das durch die Umstände bedingte
Annehmenmüssen desselben „aus praktischen Gründen," wie
die Motive (S. 128) sich aussprechen, gleichstellt, hat damit nicht neben dem dolus die Fahrlässigkeitsstrafen oder neben
dem dolus und der Fahrlässigkeit eine neue, weder mit dem einen
noch der anderen sich vollkommen deckende, Schuldform schaffen,
sondern hat, eben von praktischen Rücksichten geleitet, dem
Prinzipe des dolus gegenüber den Schwierigkeiten, welche die Beweisfrage der Durchführung desselben bereitet, zu Hilfe kommen
wollen. Der Erwerber soll bestraft werden, nicht weil er den strafbaren Erwerb nicht kannte, aber hätte kennen sollen, sondern weil
er Umstände kannte, die notwendig zu der Annahme des strafbaren
Erwerbes hinführen, und deshalb, wie es das Gesetz gestattet,
ohne weiteres anzunehmen ist, dass ihm der letztere nicht
unbekannt geblieben sei.[1]) Es handelt sich um eine blosse
Beweisregel. Gelangt aber der Richter im konkreten Falle
zu der Überzeugung, dass der Angeklagte jene ihm allerdings
bekannten Umstände vielleicht leichtfertig gar nicht in Betracht gezogen oder anders beurteilt und deshalb in dem
festen guten Glauben gehandelt habe, die Sache sei redlich
erworben, so kann eine Bestrafung wegen Hehlerei nicht
stattfinden. Selbstredend ist der Fall von dem zu unter-

---

[1]) D. A. ist Villnow, Raub und Erpressung, S. 102; Lucas,
a. a. O., S. 115 und Olshausen, Comm. zu § 259. N. 21. Ihnen sehr
nahe steht Binding, Normen II. S. 620, Greteuer, Begünstigung, S. 182
und Oppenhoff, Comm. zu § 259. N. 10.

scheiden, in welchem sich der Angeklagte der Erwägung
jener Umstände absichtlich entzogen hat, denn dieser Fall
gehört in das Gebiet des indirekten Dolus.‒
Man wird auch Lucas[1]) beipflichten, wenn er behauptet,
dass das Vergehen der Hehlerei in der Volksanschauung
immer gleich dem Diebstahl ein entehrendes sein werde und
auf die Wissenschaft des Thäters von dem strafbaren Er-
werbe — natürlich im Sinne des dolus eventualis — beschränkt bleiben würde. Nur aufgrund solcher Anschauung
lässt sich die hohe Strafe (verbunden mit fakultativem Ehr-
verlust) erklären.

§ 17.

Mit der vorstehenden Erörterung sind aber die aus dem
deutschen Strafgesetzbuche ersichtlichen Beziehungen zur
Culpalehre noch nicht erschöpft. Streitig ist insbesondere die
Frage, ob und inwieweit in anderen Fällen, als in denen das
Gesetzbuch die Strafbarkeit der Fahrlässigkeit ausdrücklich ausspricht, Strafbarkeit anzunehmen sei.[2]) Wichtig ist
insbesondere die Entscheidung dieser Frage in Anbetracht
der Übertretungen im Sinne des R.-St.-G.-B.'s.
Mit Bezug hierauf hat das Reichsgericht in dem Urteil
vom 27. Mai 1881 (I. Strafsenat, Entscheidung IV. S. 233)
ausgesprochen: „Das deutsche Strafgesetzbuch hat die Frage,
ob und wann bei Übertretungen auch ein fahrlässiges Handeln
strafbar sei, nicht einheitlich entschieden, insbesondere nicht
ausgesprochen, dass Culpa nur da zu ahnden sei, wo sie
ausdrücklich bedroht ist. Allgemein wird jedoch die Strafbarkeit auch der Culpa nur als Ausnahme anerkannt und
deshalb gefordert, es müsse — beim Fehlen einer speciellen
Vorschrift — die strafrechtliche Bedrohung sich aus dem
Zusammenhang der gesetzlichen Bestimmungen, oder aus
Grund und Zweck der einzelnen Norm mit Sicherheit er-

[1]) a. a. O., S. 115.
[2]) Gegen eine solche Ausdehnung u. A. Lüder. Grundriss (1877) S. 19
und Binding. Grundriss (1879) S. 71.

geben."[1]) Denselben Standpunkt hatte man bereits bei der Beratung des preussischen Strafgesetzbuchs festgehalten. Wie aus Goltdammer's Materialien (I. S. 237) ersichtlich, sollte die Anwendung der Strafandrohungen auf die Culpa entweder von der inneren Natur des Thatbestandes an sich, oder von der ausdrücklichen Vorschrift in den einzelnen Fällen abhängig gemacht werden. Nach dieser Auffassung, gegen welche sich nichts einwenden lässt, sind der fahrlässigen Begehung fähig ausser den bereits genannten, im Strafgesetzbuch ausdrücklich hervorgehobenen strafbaren Handlungen wenige Vergehen, welche sich grösstenteils als Unterlassungsdelikte darstellen, nämlich

1. die Nichtanzeige bevorstehender Verbrechen (Hochverrat, Landesverrat, Münzverbrechen, Mord, Raub, Menschenraub oder ein gemeingefährliches Verbrechen zu einer Zeit, in welcher die Verhütung des Verbrechens möglich ist). § 139 des R.-St.-G.-B.'s;[2])

2. das Anbordnehmen von Gegenständen, welche das Schiff oder die Ladung gefährden etc. etc., durch einen Reisenden oder Schiffsmann, § 297 des R.-St.-G.-B.'s;

3. das Handeln wider die allgemein anerkannten Regeln der Baukunst durch den den Bau Leitenden, so dass hieraus Gefahr für Andere entsteht, § 330;[3])

4. die Auswanderung eines Wehrpflichtigen nach öffentlicher Bekanntmachung einer vom Kaiser für die Zeit eines Krieges oder einer Kriegsgefahr erlassenen besonderen Anordnung, § 140. Nr. 3;

5. die unberechtigte Ausübung der Jagd, § 292;

---

[1]) Denselben Standpunkt vertreten die österreichischen Entwürfe von 1867 und 1882, der englische Entwurf von 1878 und das niederländische Strafgesetzbuch von 1879.

[2]) Vgl. § 13 des Gesetzes gegen den verbrecherischen und gemeingefährlichen Gebrauch von Sprengstoffen vom 9. Juni 1884.

[3]) Zu eng erscheint die Auffassung Hälschner's (gem. deutsch. Strfr. I. S. 325 und Note 2), welcher als Fälle, in welchen die Fahrlässigkeit strafbar ist, obwohl sie im R.-St.-G.-B. nicht ausdrücklich als eine strafbare hervorgehoben worden, nur die §§ 297 und 330 des R.-St.-G.-B. anzugeben weiss.

6. das unberechtigte Fischen oder Krebsen zur
Nachtzeit etc. etc., § 296 (vgl. auch § 296 a, betreffend
das unbefugte Fischen von Ausländern in deutschen
Küstengewässern):

7. die Übertretung der vom Kaiser erlassenen Ver-
ordnungen:

zur Verhütung des Zusammenstossens der Schiffe
auf See,[1]
über das Verhalten der Schiffer nach einem Zusammenstosse von Schiffen auf See,[2] oder
in Betreff der Not- und Lootsensignale für Schiffe
auf See und auf den Küstengewässern;[3]

8. die seitens der Vorsteher einer Eisenbahngesell-
schaft oder einer zu öffentlichen Zwecken dienenden Tele-
graphenanstalt unterlassene Entfernung eines zu
einer Beschäftigung im Eisenbahn- oder Telegraphen-
dienste rechtskräftig für unfähig Erklärten (§ 320 in
Verbindung mit §§ 315—319 des R.-St.-G.-B's).

Andere Verbrechen oder Vergehen, bei denen die
fahrlässige Begehung auch ohne ausdrückliche Bedrohung
strafbar wäre, finden sich im R.-St.-G.-B. nicht.[4]

§ 18.

Endlich müssen ungeachtet des Fehlens einer ausdrück-
lichen Bedrohung der fahrlässigen Begehung eine grössere
Anzahl der im 29. Abschnitt des R.-Str.-G.-B.'s enthaltenen
Übertretungen hierher gerechnet werden.

[1] Die Kaiserliche Verordnung zur Verhütung des Zusammenstossens
der Schiffe auf See, vom 23. Dezember 1871 (R.-G.-Bl. S. 475.).

[2] Die Kaiserliche Verordnung über das Verhalten der Schiffer nach einem
Zusammenstosse von Schiffen auf See, vom 15. August 1875 (R.-G.-Bl. S. 189.).

[3] Noth- und Lootsen-Signalordnung für Schiffe auf See und auf den
Küstengewässern, vom 14. August 1876 (R.-G.-Bl. S. 187.).

[4] Dagegen scheiden aus diejenigen Unterlassungsdelikte, welche auf
Grund des Gesetzes nur strafbar sind, wenn sie vorsätzlich begangen
werden, obwohl sie begrifflich auch der fahrlässigen Begehung fähig
wären, z. B. die Untreue des Vormundes.

Der 29. Abschnitt des R.-St.-G.-B.'s ist der Sitz der sog. Polizeidelikte. Schon der Entwurf zum Preussischen Strafgesetzbuch von 1847 bestimmte in § 422 (über Vorsatz und Fahrlässigkeit): die Strafe, mit welcher ein Polizeivergehen bedroht ist, solle angewendet werden, es möge dasselbe vorsätzlich, oder aus Fahrlässigkeit verübt worden sein.[1] Zwar fand diese Vorschrift keine Aufnahme im Preussischen Strafgesetzbuch. Allein der Grund lag nicht in einer Verläugnung des im § 422 des Entwurfs enthaltenen Grundsatzes, sondern vielmehr in dem prinzipiellen Standpunkte des Gesetzgebers, alle die subjektive Verschuldung betreffenden Bestimmungen aus dem Strafgesetzbuche wegzulassen.

Betrachtet man den Inhalt dieser Normen näher, so erscheinen sie als Verbote, resp. Gebote, durch welche gewisse Handlungen und Unterlassungen meist polizeirechtlicher Natur in das Gebiet des Strafrechts gezogen werden, welche bald den Staat als solchen, bald die Person, bald das Vermögen der Mitbürger erheblich zu gefährden imstande sind.[2] In demjenigen Teile des deutschen St.-G.-B.'s, welcher von den Verbrechen und Vergehen handelt, werden dieselben Rechtsgüter geschützt, deren Schutz auch der 29. Abschnitt, welcher von den Übertretungen handelt, bezweckt. Nur ist die Voraussetzung der Strafbarkeit eine andere.

In dem von den Verbrechen und Vergehen im Sinne des Strafgesetzbuches handelnden Teile handelt es sich regelmässig[3] um die Bestrafung von Handlungen oder Unterlassungen, durch welche bereits wirkliche Verletzungen von Rechtsgütern, gleichviel ob dieselben dolose oder culpose verursacht

---

[1] Goltdammer, Materialien I. S. 240.

[2] Vgl. Lorenz v. Stein, Handbuch der Verwaltungslehre (1876) S. 192: „der Unterschied des Polizeirechts von allen übrigen Gestaltungen des Rechts nämlich besteht darin, dass die das Recht erzeugende Kraft hier nicht eine Thatsache, sondern eine Gefahr ist, welche aus einer Thatsache hervorgehen kann.“

[3] Die bereits erwähnten §§ 139. 145. 320. N. 1 enthalten ausnahmsweise gleichfalls Präventivbestimmungen.

4*

worden sind; mindestens muss der rechtsverletzende Wille
sich bereits als ein Anfang der Ausführung der strafbaren
Handlung offenbart haben.

Es giebt aber noch verschiedene Fälle gefährlichen Handelns, welche dieselben Rechtsgüter bedrohen, deren Schutz in
den Abschnitten 1—28 des zweiten Teils des Strafgesetzbuches
bezweckt wird, ohne dass bereits ein bestimmter nachteiliger Erfolg eingetreten zu sein braucht, ja ohne
dass auch nur ein Anfang der Ausführung jener rechtsverletzenden Handlungen nachweisbar wäre. Vielmehr charakterisieren sich häufig jene Handlungen als blosse Vorbereitungshandlungen, z. B. das blosse Zeichnen von Festungsrissen,
das Auswandern von Wehrpflichtigen, die Aufsammlung von
Waffen und Schiessbedarf u. dergl. (§ 360 1. 2 und 3 des
R.-St.-G.-B.'s).[1]) Würden diese Fälle straflos bleiben, so
würden jene wichtigen Rechtsgüter trotz der Bedrohung ihrer
Verletzung ernstlich gefährdet erscheinen.

Um diese Lücke auszufüllen, hat der Gesetzgeber im
29. Abschnitte des R.-St.-G.-B.'s diejenigen Handlungen und
Unterlassungen, welche besonders wichtige Rechtsgüter zu
gefährden imstande sind, aber an sich nicht einen der deliktischen Thatbestände der im Gesetze bedrohten Verbrechen
und Vergehen darstellen, zu delicta sui generis, und zwar zu
Uebertretungeu im Sinne des Gesetzbuches erhoben und
diese (wenn auch mit einer erheblich geringeren als jene
vorgedachten deliktischen Thatbestände) unter Strafe gestellt (sog. Ergänzungsdelikte). Hält man den gesetzgeberischen Grund der Kriminalisierung dieser an sich gefährlichen Handlungsweisen fest, nämlich Vorbeugung einer
wirklichen Verletzung wichtiger Rechtsgüter, so wird man
es erklärlich finden, dass der Gesetzgeber bei der Aufstellung
jener Uebertretungsfälle der Art des Verschuldens,
welches jenen gefährlichen Handlungen zu Grunde liegt, nur

---

¹) Vgl. l. l. l. 3 § 1. Dig. (48. 6); l. 10. Cod. (9. 12); l. 5. § 6—13.
Dig. (9. 3); l. 4. Dig. (1. 15.)

eine untergeordnete Bedeutung beilegen konnte: denn in beiden Fällen bleibt die durch die Uebertretung erzeugte Gefahr dieselbe.[1]) Das deutsche Strafgesetzbuch bedroht deshalb in den meisten Uebertretungsfällen dieser Art entweder ganz allgemein ein bestimmt qualifiziertes, gefährliches Verhalten, oder es spricht von einem unbefugten oder unberechtigten Verhalten oder von einem Verhalten ohne besondere Erlaubnis, oder wider Gesetz oder Verbot einer Behörde, und zwar ohne Rücksicht, ob dieses Verhalten sich auf Vorsatz oder Fahrlässigkeit zurückführen lässt.

Indess soll nicht geläugnet werden, dass die Art des Verschuldens auch im Falle des Vorliegens einer blossen Uebertretung einen Einfluss auf die Bemessung der Strafe äussern könne. Eine vorsätzliche Uebertretung wird nach den allgemeinen Grundsätzen der Verschuldung anzunehmen sein, wenn der Handelnde die Absicht hatte, jene Handlung vorzunehmen, welche objektiv als Uebertretung verboten ist. Der Vorsatz in Bezug auf eine Uebertretung braucht nicht in einer bösen Absicht (dolus malus), in der Absicht zu schaden, zu bestehen, sondern es genügt die auf die gefährliche Handlung selbst gerichtete Absicht, gleichviel ob hierbei die Gefahr gekannt oder ob sie aus unentschuldbarer Sorglosigkeit und Unachtsamkeit übersehen war. Eine Polizeiübertretung ist fahrlässig verübt, wenn jemand ohne die auf die verbotene Handlung oder Unterlassung gerichtete Absicht ein polizeiliches Verbot infolge mangelhafter Sorgfalt verletzt hat.

§ 19.

Gegen die hier vorgetragene Auffassung richtet sich Binding (Grundriss. § 43. S. 71). Er sagt: „Nirgends behandelt das Gesetz, wo es sich ex professo mit der Culpa befasst, Vorsatz und Fahrlässigkeit unter einer und derselben Strafdrohung: die Verschiedenheit der Verschuldung soll durch-

---

[1]) Vgl. v. Gross, Abhandlung im Gerichtssaal. Jg. 1869. S. 265.

aus nicht nur als **Strafzumessungsgrund** wirken." Danach müsste die Bestrafung gewisser, im Gesetz nicht ausdrücklich bedrohter, fahrlässig verübter Handlungen unterbleiben, weil es sich erst um **Strafzumessung** handeln kann, wenn die Strafbarkeit der Fahrlässigkeit prinzipiell feststeht.[1] **Binding** unterstützt diese seine Behauptung der Straflosigkeit der fahrlässig verübten Handlungen, wenn solche nicht im Gesetz neben der vorsätzlichen Begehung ausdrücklich als strafbar bezeichnet werden, durch den Satz: „Ein Gesetz, welches den Unterschied von Dolus praemeditatus und impetus über die Bedeutung von Straferhöhungs- resp. -Minderungsgründen hinaushebt, kann unmöglich die verschiedenen Schuldarten nur als solche behandeln." Allein diesen und ähnlichen Reflexionen widerspricht der Wortlaut jener Gesetze, nach welchen allgemein die schuldhafte Übertretung der in ihnen enthaltenen Normen bestraft werden soll. Der Grund, weshalb der Gesetzgeber nicht in allen Fällen, in denen er die Fahrlässigkeit bestraft wissen wollte, eine besondere, lediglich die Fahrlässigkeit berücksichtigende, Strafsatzung aufstellte, war offenbar der, dass bei gewissen geringeren Übertretungen, deren Unterdrückung das polizeiliche Interesse erforderlich macht, das subjektive Moment mehr zurückweicht.

Die Übertretungen der polizeilichen Vorschriften in Bezug auf das Reiten und Fahren sind ebenso gefährlich und in der Regel ebenso strafbar, wenn sie absichtlich, als wenn sie unabsichtlich durch Ausserachtlassung der Sorgfalt begangen worden sind. Ob jemand Brunnen, Keller, Gruben, Öffnungen, oder Abhänge absichtlich oder unabsichtlich aus Leichtsinn, Sorglosigkeit, oder aus Vergesslichkeit unverwahrt lässt, so dass daraus Gefahr für Andere entsteht (§ 367 Nr. 12 des R.-St.-G.-B.'s), ist gleichgültig. Nur dadurch, dass jeder sein Verhalten so einrichtet, dass eine Beschädigung Anderer, resp. des Gemeinwesens verhütet werde, ist ein Zusammen-

[1] Auch nach Lucas, Verschuldung, S. 120 flg., reicht thatsächlich das Herrschaftsgebiet der culpa nach Reichsstrafrecht nicht weiter als der Gesetzgeber dies ausdrücklich vorschreibt.

leben der Menschen möglich: deshalb bedroht das Gesetz in vielen Fällen nicht nur den bewussten, sondern auch den harmlosen Übertreter von Normen, welche die öffentliche Sicherheit bezwecken. Es genügt für solche Fälle bei der Strafzumessung die eine oder die andere Schuldart, welche die Beweisaufnahme ergeben hat, zum Ausdrucke zu bringen.[1) In dem Reichsgesetz, betreffend das Urheberrecht vom 11. Juni 1870, § 18. 20. wird übrigens Vorsatz und Fahrlässigkeit ausdrücklich unter einer und derselben Strafdrohung behandelt, und wirkt die Verschiedenheit beider Schuldarten nur als Strafzumessungsgrund.

§ 20.

In allen Fällen, in welchen der Gesetzgeber nur die vorsätzliche Begehung eines Deliktes unter Strafe stellt, ist die fahrlässige Begehung dieses Deliktes als straflos zu erachten. Denn aus der Übergehung der fahrlässigen Verübung im Gesetzbuch folgt, dass der Gesetzgeber diese Art der Begehung nicht strafen wollte.

Ferner sind ausgenommen diejenigen fahrlässig verübten Übertretungen, welche nicht einen polizeilichen Charakter an sich tragen, vielmehr nur durch das System der Dreiteilung aus dem Gebiete der Verbrechen und Vergehen ausgeschieden sind. Diese erfordern zum Thatbestande Vorsatz. Ihre im Erfolge geringfügige Bedeutung vermag den Deliktsbegriff nicht zu ändern. Hierher gehört die im § 364 des Strafgesetzbuches, welcher die Bestimmung im § 276 des R.-St.-G.-B.'s ergänzt,[2)] bedrohte

---

[1)] Nach Ortloff (in seiner Abhandlung die Schuldarten im Strafrecht, Gerichtssaal XXXIV. S. 435), scheint der weite Strafrahmen, welcher sich für die Bestrafung der Uebertretungen vorfindet, darauf berechnet zu sein, dem richterlichen Ermessen einen Spielraum und Gelegenheit zu geben, für die fahrlässige wie vorsätzliche Begehungsweise entsprechende Strafen auszuwerfen.

[2)] Vgl. Rotering's Abhandlung in Goltdammer's Archiv, XXXI, „Ueber die subjektiven Voraussetzungen der Polizeiübertretungen des Strafgesetzbuches," S. 355 flg.

Übertretung. Während im § 276 das Verwenden, so wird im § 364 das Veräussern, Feilhalten von schon einmal verwendetem Stempelpapier, Stempelmarken etc. bestraft, ferner die Urkundenfälschungen der §§ 267 ff. Dieselben erhalten eine Ergänzung durch diejenige der Legitimationspapiere und ähnlicher zum Zwecke des besseren Fortkommens dienender Bescheinigungen. Ferner ergänzt der § 370, Nr. 2 und 5 des R.-St.-G.-B.'s die nach § 242 des R.-St.-G.-B.'s strafbaren Entwendungen, endlich der § 368 Nr. 11 den § 299 in Beziehung auf den Gegenstand der Jagd. Bei allen diesen Ergänzungsdelikten ist der dolus ein Erfordernis, weil, wie Rotering (a. a. O.) mit Recht hervorhebt, das Gesetz eine fahrlässige Urkundenfälschung, einen fahrlässigen Diebstahl oder ein fahrlässiges Jagdvergehen der bezeichneten Art nicht anerkennt. Gewisse Handlungen endlich erfordern ihrer Natur nach Vorsätzlichkeit der Begehung. Als dergleichen nennt Rotering (a. a. O. S. 356) das Ansammeln von Waffen, das Anfertigen papiergeldähnlicher Gegenstände oder von Formen, das Erregen von Lärm und Unfug, das Quälen von Tieren, § 360. Nr. 2. 6. 11. 13; das Landstreichen, Betteln oder Anleiten dazu, die Unzucht § 361. Nr. 3. 4. 6; die mutwillige Strassensperre, das Hundehetzen, das Werfen mit Steinen, die Okkupation von Leichenteilen, das Feilhalten oder Führen verbotener Waffen, der Gebrauch von verbotenen Werkzeugen bei einer Schlägerei bei an sich verschuldeter Teilnahme, § 366. Nr. 3. 6. 7, § 367. No. 1. 9. 10; das Uebertreten der Polizeistunde trotz ergangener Aufforderung, § 361. „In allen diesen Fällen handelt es sich um ein mutwilliges, gar böswilliges Gebahren, ein mehr gewohnheits-, geschäfts-, gewerbsmässiges Thun, eine ganz bestimmte Willensrichtung, wie beim Hetzen von Hunden, Werfen mit Steinen auf Menschen, um Handlungen, die auf ein an sich rechtswidriges, oder wie beim Betteln, auf ein seiner Art wegen verpöntes Zueignen gerichtet sind, oder um ein wissentlich willentliches Ignorieren des Polizeigesetzes, wie bei der Übertretung der dem Gaste bekannt gemachten Polizeistunde" (Rotering a.

a. O.). Dagegen dürfte Rotering (a. a. O. S. 356) zuweit
gehen, wenn er zur Bestrafung unbefugter Führung von
Titeln, Orden, Würden, fremden Namen, ferner zur Bestrafung
unbefugten Tragens von Uniformen, von Amts- oder Ehren-
zeichen oder des Gebrauches kaiserlicher oder bundesfürst-
licher oder von Landeswappen (§ 360. Nr. 7 und 8 des .R.-
St.-G.-B.'s) stets Vorsatz erfordert. In diesen Fällen bleibt
wenigstens die Möglichkeit einer fahrlässigen Begehung nicht
ausgeschlossen. Wer sich z. B. infolge fahrlässiger Unkenntnis bezüglich der äusseren Erscheinung einer inländischen
Uniform, Amtskleidung oder eines Ordens einer solchen
Uniform etc. etc. zum Zwecke eines Maskenscherzes bedient,
ist nach der Fassung des § 360 strafbar. Die bona
fides des Angeklagten vermag diesen vor der Strafe nicht
schützen.

Binding (Grundriss, S. 70) hat noch hervorgehoben,
dass das Gesetz alle fahrlässigen Handlungen mit Vergehens-
strafen belege, und zwar die schwerste, die einfache fahrlässige Tötung, mit Gefängnis von 1 Tag bis 3 resp. 5 Jahre;
das Minimum aller Freiheitsstrafen, welche ausdrücklich für
Fahrlässigkeitsfälle angedroht werden, ist ein Tag Freiheitsstrafe. Hieraus folgert Binding mit Recht, dass in allen
Fällen, wo die gedrohte Strafe eine Verbrechensstrafe oder
eine Vergehensstrafe mit einem höheren Minimum als Gefängnis von einem Tage ist, die Strafe jedenfalls den fahrlässigen
Handlungen nicht gelte.[1])

§ 21.

Man kann demnach sagen: „In dem 29. Abschnitte des
R.-St.-G.-B.'s, welcher von den Übertretungen handelt, sind,
soweit nicht aus den Worten oder aus dem Sinne des Gesetzes

---

[1]) Allein die durch uns erweiterte Sphäre der Strafbarkeit fahrlässig
begangener Uebertretungen hält sich innerhalb des nach Binding zu-
lässigen Rahmens, da in allen Uebertretungsfällen das Minimum der an-
gedrohten Strafe einen Tag Freiheitsstrafe nicht übersteigt.

hervorgeht, dass lediglich die vorsätzliche Übertretung als strafbar zu erachten ist, auch die aus Fahrlässigkeit bewirkten Übertretungen strafbar.⁴ ¹)

Stellt sich die Übertretung nur als das Mittel dar, um ein doloses Verbrechen oder Vergehen zu verüben, oder erzeugt die Übertretung eine als kulposes Vergehen strafbare Rechtsverletzung, so besteht eine ideale Konkurrenz der Übertretung und einer dolosen oder fahrlässigen Rechtsverletzung. Entsteht durch eine Übertretung ein anderer Schaden, dessen Hervorbringung nicht als fahrlässige Rechtsverletzung behandelt werden kann, so bleibt nur die Übertretung strafbar. Der durch die Übertretung entstandene Schaden begründet nur einen civilrechtlichen Anspruch auf Schadensersatz.

§ 22.

Ausser im R.-St.-G.-B. giebt es noch eine grosse Zahl von Spezialgesetzen, in welchen die Fahrlässigkeit mit Strafe bedroht ist, z. B.

1. in dem Bundesgesetz über die Besteuerung des Branntweins vom 8. Juli 1868, § 66, al. 2;
2. in dem Reichsgesetz, betreffend das Urheberrecht an Schriftwerken vom 11. Juni 1870, § 18, 20; ferner, betreffend den Schutz von Werken der bildenden Künste vom 9. Januar 1876, § 16; betreffend den Schutz der Photographieen vom 10. Januar 1876, § 9; betreffend das Urheberrecht an Mustern und Modellen vom 11. Januar 1876, § 14 (fahrlässige Nachbildungen);
3. in dem Reichsgesetz vom 11. Juni 1870, betreffend die Kommanditgesellschaften auf Aktien und die Aktiengesellschaften, §§ 206, 249a und im Gesetz vom 18. Juli 1884, § 249; ²)

¹) So lautet Art. 22 des Polizeistrafgesetzbuches von Hessen-Darmstadt und Art. 19 des Polizeistrafgesetzbuches für das Königreich Bayern vom 10. Nov. 1861. Vgl. auch Beseler, Comm. zum Preuss. Strafgesetzbuch. S. 577.

²) Vgl. Fuld im Gerichtssaal Bd. XXXVII, das Aktienstrafrecht nach dem Gesetz vom 18. Juli 1884, S. 444 flg.

4. im Reichsgesetz vom 31. Mai 1872, betreffend die Erhebung der Brausteuer, § 38;

5. in der Seemannsordnung vom 27. Dezember 1872, §§ 94, 97, 2 (ungenügende Schiffsproviantierung: (leichtfertig für fahrlässig);

6. im Reichsimpfgesetz vom 8. April 1874, § 17;

7. im Reichspressgesetz vom 7. Mai 1874, § 21;[1])

8. im Reichspersonenstandsgesetz vom 6. Februar 1875. § 69;

9. im Reichsgesetz, betreffend die Beseitigung von Ansteckungsstoffen bei Viehbeförderungen vom 25. Februar 1876. § 5 (schuldhafte Vernachlässigung der Desinfektion durch Eisenbahnbedienstete);

10. im Reichsgesetz, betreffend Zuwiderhandlungen gegen die zur Abwehr der Rinderpest erlassenen Vieheinfuhrverbote vom 21. Mai 1878, §§ 3 und 4;

11. im Reichsgesetz, betreffend den Verkehr mit Nahrungs- und Genussmitteln vom 14. Mai 1879, §§ 11 und 14.

12. im Reichsgesetz gegen den verbrecherischen und gemeingefährlichen Gebrauch von Sprengstoffen vom 9. Juni 1884 § 9 Abs. 2 und § 13.

§ 23.

Selbstverständlich muss, soll Strafbarkeit vorhanden sein, überhaupt ein vorsätzliches oder fahrlässiges Handeln vorliegen; denn ohne alles Verschulden kann gerechterweise eine Strafe nicht eintreten; für den Zufall kann niemand weder strafrechtlich noch civilrechtlich haftbar gemacht werden.

Zu weit würde man daher gehen. wollte man aus den im 29. Abschnitt gebrauchten Ausdrücken unbefugt, unrechtmässig, rechtswidrig, welche allerdings die subjektive Seite des Delikts unberührt lassen, oder für den Fall,

---

[1]) Dass die im Pressgesetz bedrohte Fahrlässigkeit dem allgemeinen Fahrlässigkeitsbegriff entspricht, führt zutreffend aus v. Liszt Pressrecht §§ 51 ff. und P. Honigmann, die Verantwortlichkeit des Redacteurs (Breslau 1885).

dass nur das einfache Faktum bedroht wird, folgern, dass als Erfordernis der Strafbarkeit schon die objektive Rechtswidrigkeit der Begehung genüge und dass es bei der Beurteilung dieser Handlungen auf die subjektive Seite überhaupt nicht ankäme.[1]) Durch die Übergehung des subjektiven Moments im Gesetze wird nur angedeutet, dass hier alle schuldhaften Verletzungen, d. h. sowohl die durch Vorsatz, als auch die durch Fahrlässigkeit verübten Verletzungen einer Norm als strafbar zu erachten sind. Dass dies auch die Anschauung des deutschen Gesetzgebers gewesen, geht unzweifelhaft aus den Motiven zum deutschen Strafgesetzbuche[2]) hervor. Daselbst heisst es: „Der Entwurf hat die „Übertretungen" in den Kreis seiner Aufstellung mit aufgenommen, weil er es als Aufgabe eines allgemeinen Strafgesetzbuchs betrachten musste, die „Übertretungen" als eine Kategorie des strafbaren Unrechts überhaupt bei der Kodifikation des Strafrechts nicht minder wie die Verbrechen und die Vergehen zu berücksichtigen.

---

[1]) Vgl. z. B. Goltdammer, Materialien II. S. 710 und derselbe Archiv XIII. S. 93. Oppenhoff, Comm. zu § 59. N. 9 und zur Ueberschrift vom Abschn. 29. N. 1. 8—11 und die daselbst citierten Entscheidungen des vormaligen preussischen Obertribunals. S. dagegen die Entscheidung des Oberhandelsgerichts vom 20. Sept. 1872 bei Striethorst II. S. 19 ff., ferner den von Kräwel, Gerichtssaal XXIV. S. 454 mitgetheilten Fall und ganz besonders Loos: „Ueber den Dolus bei Uebertretungen" und v. Holtzendorffs Strafrechtszeitung. 1870. S. 323 ff., woselbst die frühere Praxis des preussischen Obertribunals bezüglich der Schuldfrage bei Uebertretungen einer scharfen Kritik unterzogen wird. Mit Bezug auf jene Judikatur braucht Binding (Normen, S. 616) die harten Worte: „Die Annahme, dass ein materielles Strafgesetz mit vollem Bewusstsein an schuldlose Thatbestände eine Strafdrohung knüpfen könnte, enthält den schlimmsten Vorwurf, der je der modernen Strafgesetzgebung gemacht worden ist, den Vorwurf bewusster Verletzung der höchsten Grundsätze der Gerechtigkeit und des schnödesten Verrates an der Rechtschaffenheit der Staatsbürger."

[2]) Motive zu dem Entwurfe eines Strafgesetzbuches für den Nordd. Bund, Anhang I. in den Stenogr. Berichten über die Verhandlungen des Reichstages für den Nordd. Bund, I. Leg.-Period., Sess. 1870, Bd. III (Anlagen) S. 87.

Gegen eine solche Aufnahme der Übertretungen in das
Norddeutsche Strafgesetzbuch sind insbesondere zwei Bedenken
erhoben worden. Man hat zunächst behauptet, dass die Bestimmung im Artikel 4 der Bundesverfassung, welche als
einen Gegenstand der gemeinsamen Gesetzgebung das Strafrecht bezeichne, auf das Polizeistrafrecht nicht zu beziehen,
vielmehr dieses von dem Gebiete des Strafrechts auszu-
scheiden sei, und dass eine Kodifikation des Polizeistrafrechts in Verbindung mit der des Strafrechts bei der tiefen
materiellen Verschiedenheit beider unthunlich und unzweck-
mässig, ja auch die freie Bewegung der Partikulargesetzgebung,
welche auf dem Gebiete des Polizeistrafrechts bei den ver-
schiedenartigen und wechselnden, von Zeit und Ortsverhält-
nissen wesentlich mit bedingten Bedürfnissen der polizeilichen
Thätigkeit dringend nötig sei, empfindlich schädigen werde.

Beide Einwendungen konnten jedoch nicht für zutreffend
erachtet werden. Schon die hergebrachte Bezeichnung
„Polizeistrafrecht" deutet darauf hin, dass dasselbe ein
Teil des Strafrechts ist; dem von dem Bundesrate und Reichs-
tage gefassten Beschlusse, ein gemeinsames Strafgesetzbuch
für den Norddeutschen Bund zu schaffen, kann keine andere
Bedeutung beigelegt werden, als dass das ganze strafrechtliche Gebiet dabei umfasst werden solle.

Vergeblich ist von den Rechtsschulen des Mittelalters
bis herab auf unsere Zeit trotz der Vorliebe, welche man der
Erörterung dieser Frage gewidmet hat, der Versuch gemacht
worden, die Grenzlinie zwischen dem kriminell und polizeilich
Strafbaren zu finden. Auch in der neuesten Zeit, in welcher
die Erörterung wiederum aufgenommen und nicht ohne Auf-
wand von Scharfsinn fortgeführt worden, ist es nicht gelungen,
jenen, nach Köstlin's Ausdrucke, die Juristen in Verzweif-
lung setzenden Unterschied mit Sicherheit und Gleichmässigkeit
durchzuführen. Wiederholt ist hierbei von angesehenen Rechts-
lehrern das Anerkenntnis ausgesprochen worden, dass auch
die sogenannten Polizei-Übertretungen ein wirklich strafbares

Unrecht darstellen und daher gleich den Verbrechen und Vergehen zu verfolgen und von den Gerichten zu bestrafen seien. Die Befürchtung, dass mit der Kodifikation des sogenannten Polizei-Strafrechts der freien Bewegung der Partikular-Gesetzgebung eine durch die Sachlage nicht gerechtfertigte, ja dem Bedürfnisse widersprechende Schranke gezogen werde, ist nicht richtig etc. etc.

Indem der Entwurf daher die „Übertretungen" in den Kreis der Handlungen aufnahm, deren Bestrafung im Strafgesetzbuche vorzusehen sei, wollte er dem Gedanken, dass hierbei nicht ein von dem übrigen Strafrecht generisch sich unterscheidendes Gebiet behandelt werde, noch dadurch einen schärferen und entschiedeneren Ausdruck geben, dass er die allgemeinen Bestimmungen, welche in Bezug auf die Verbrechen und Vergehen aufzustellen waren und in dem Preussischen Gesetzbuche in dem allgemeinen Teile zusammengefasst sind, auch auf die Übertretungen ausgedehnt und demgemäss jenen „allgemeinen Teil" auf alle strafbaren Handlungen, sonach auf Verbrechen, Vergehen und Übertretungen erstreckt. Nur wo die Natur der geringen strafbaren Handlung Ausnahmen von den sonstigen allgemeinen Bestimmungen nöthig macht, ist dies an den einschlägigen Stellen berücksichtigt worden, z. B. bei den Bestimmungen über die Beihülfe, über den Versuch, über das Zusammentreffen mehrerer strafbaren Handlungen."

Wenn daher das unbefugte Betreten von Gärten, Weinbergen, eingefriedigten Grundstücken, das unbefugte Abpflügen von Wegen, das Betreten fremden Jagdgebietes ohne Genehmigung des Jagdberechtigten durch einen zur Jagd Ausgerüsteten, das unberechtigte Fischen oder Krebsen, das Verfüttern fremden Getreides wider Willen des Eigentümers (§ 368. 370), das unbefugte Anfertigen von Schlüsseln zu fremden Schlössern und Öffnen derselben im St.-G.-B. bedroht wird, so wird bei allen diesen Übertretungen, welche sich als unbefugte, rechtswidrige Eingriffe in die Rechtssphäre eines anderen darstellen, der § 59 des St.-G.-B.'s Anwendung

finden müssen. Hielt sich der Angeklagte infolge thatsächlichen Irrtums zu seinem Handeln berechtigt, sei es, dass er
irrtümlich eine stillschweigende Einwilligung voraussetzte,
oder weil er sich irrtümlich in einen Notstand versetzt hielt,
sei es, dass er sich hinsichtlich der Grenzen seines Jagd-
oder Fischereigebiets in einem Irrtum befand, so wird mangels
einer Verschuldung Freisprechung eintreten müssen.[1])

§ 24.

Das Reichsgericht hat dieser Anschauung bereits
wiederholt Ausdruck geliehen; insbesondere hat es den § 59
des St.-G.-B.'s für das ganze Strafrechtsgebiet für anwendbar
erklärt; so in dem Urteil vom 2. November 1880 (Entscheidung
IV. S. 49) und in dem Urteil vom 12. Oktober 1880 (Entscheidung Band II. S. 322) wendet es den Paragraphen sogar auf ein Gewerbe-Polizeivergehen an, indem es für die
Bestrafung eines Fabrikbesitzers wegen Annahme jugendlicher
Arbeiter aus § 135 der Gewerbe-Ordnung Vorsatz und Fahrlässigkeit für erforderlich erklärt, und zwar mit der Begründung: „Der Ausführung des Staatsanwalts kann nicht bei-
gepflichtet werden, dass der § 59 des St.-G.-B.'s auf das
Handeln und Wissen des Angeklagten nicht anwendbar sei,
weil die Vorschrift des § 135 der R.-G.-O. eine gesundheits-
polizeiliche Bestimmung sei. Denn der § 59 des St.-G.-B.'s
spricht allgemein von strafbaren Handlungen, ohne zu
unterscheiden, ob dieselben mit Rücksicht auf polizeiliche, oder
sonstige rechtspolitische Erwägungen mit Strafe bedroht sind.“
Diese allein richtige Anschauung ist in der Judikatur
des Reichsgerichts nicht überall festgehalten worden. So hat
es in dem Urteil vom 11. Januar 1881 (Band III. S. 190)
und vom 1. Februar 1882 (Band V. S. 410) den Bankerutt
als ein rein formales Vergehen erklärt, zu dessen Verübung
das Gesetz weder eine wissentliche oder vorsätzliche Pflicht-

---

[1]) Rüdorff, Comm. zu § 368. N. 4. 5 und Rotering, in Goltdammer's Arch. Bd. XXXI. S. 356.

verletzung noch den Nachweis strafbarer Fahrlässigkeit erfordere. So sollen zu dem Thatbestande des einfachen Bankerutts die rein äusserlichen Momente. dass die Bilanz nicht rechtzeitig gezogen, Handelsbücher nicht übersichtlich geführt worden, etc. zur Bestrafung ausreichen.[1]) Vielmehr ist, wie Lucas (a. a. O., S. 143) zutreffend ausführt, zu prüfen, ob mit Bezug auf diese Handlungen (freilich nicht mit Bezug auf den garnicht hierher gehörigen Erfolg der Zahlungseinstellung[2]) mindestens Fahrlässigkeit vorliegt. Der Kaufmann also, der, ohne Gewerbegehilfen arbeitend, kurz vor der für ihn vorgeschriebenen Zeit die Bilanz zieht, an einem schweren Nervenfieber erkrankt und so die Zeit dieser Geschäftsmanipulation versäumt, ist, wenn er demnächst in Konkurs gerät, mit der Strafe des einfachen Bankerutts zu verschonen; denn er hat die rechtzeitige Bilanzziehung nicht aus Fahrlässigkeit unterlassen.

§ 25.

Nur scheinbare Ausnahmen von dem Satze, dass Kriminalstrafe immer eine subjektive Verschuldung zur Voraussetzung habe, enthält das Strafrecht. Der Sitz dieser Ausnahmen ist aber nicht das R.-St.-G.-B., sondern die Spezialgesetzgebung des Reiches. So werden nach § 21 des Pressgesetzes vom 7. Mai 1874 der verantwortliche Redakteur, der Verleger, der Drucker und der Verbreiter von Druckschriften wegen Fahrlässigkeit bestraft, wenn sie nicht die Anwendung der pflichtgemässen Sorgfalt nachweisen. — ferner wird nach § 14 des Reichsgesetzes, betreffend die Nationalität der Kauffahrteischiffe vom 25. Oct. 1865 der Führer des Schiffs bestraft,

---

¹) Vgl. auch die Urteile des Reichsgerichts vom 17. Sept. 1881 (Entsch. IV, 118), vom 8. Februar 1883 (Entsch. VIII. S. 149), ferner Seegers Abhandlung in Goltdammer's Archiv. XX. S. 142 ff. und Rupp, Modernes Recht und Verschuldung, S. 62.

²) Die Zahlungseinstellung braucht keineswegs die verschuldete Folge des Thuns oder Unterlassens der in § 210 sub 1—2 bezeichneten Fälle zu sein. Vgl. Seeger, a. a. O. § 4.

welcher ein Schiff, das sich gemäss § 10 der Führung der
Bundesflagge enthalten muss, unter der Bundesflagge
fährt, sofern er nicht nachweist, dass der unbefugte Gebrauch der Bundesflagge ohne sein Verschulden geschehen sei, — so werden ferner bestraft nach § 249 a des
Aktiengesetzes vom 11. Juni 1870 die Mitglieder des Vor-
standes, wenn sie der Vorschrift des Art. 240 zuwider dem
Gerichte die Anzeige zu machen unterlassen, dass das Vermögen der Gesellschaft nicht mehr die Schulden deckt, es
sei denn, dass die Anzeige ohne ihr Verschulden unterblieben
ist. — ferner verwirken nach § 10 Abs. 3 des Gesetzes vom 3. Juli
1878, betreffend den Spielkartenstempel, Wirte und andere Personen, welche Gäste halten, dieselbe Strafe, wenn in ihren Woh-
nungen oder Lokalen mit ungestempelten Karten gespielt und nicht
nachgewiesen wird, dass dies ohne ihr Wissen geschehen ist.

Thatsächlich handelt es sich aber in diesen Fällen, insofern als hier abweichend dem Angeklagten der Beweis seiner
Nichtschuld auferlegt wird, nur um Präsumtionen der
Schuld, und zutreffend wurde bereits hervorgehoben, dass
durch die Aufstellung solcher Präsumtionen gerade das Erfordernis der Willensschuld besonders betont werde; denn
was überhaupt nicht erforderlich ist, braucht nicht präsu-
miert zu werden. [1]

Zu diesen Anomalien des Schuldbeweises gehören wohl
auch die Bestimmungen der Zoll- und Steuergesetze [2] des
Reichs (vgl. § 17 des Gesetzes vom 12. October 1867,
betreffend die Erhebung einer Abgabe von Salz, §§ 136.
137, § 153 des Vereinszollgesetzes vom 1. Juli 1869, ferner
§§ 28, 29 in Verbindung mit §§ 32, 41 des Gesetzes vom
31. Mai 1872 wegen Erhebung der Brausteuer) und einzelner
Partikularstaaten (vgl. z. B. § 6 des Preussischen Zollstraf-

[1] Vgl. Binding, Normen, II. S. 612 ff., Lucas, Verschuldung.
S. 135, 136, v. Liszt, Lehrbuch, S. 149, 150 und neuerdings Honigmann, die Verantwortlichkeit des Redakteurs (1885) S. 112 flg.
[2] Vgl. insbesondere die ausführliche Darstellung bezüglich der Schuldfrage in der Zoll- und Steuergesetzgebung Preussens und des Reichs bei
Lucas a. a. O., S. 124—136.

Bruck, Fahrlässigkeit.   5

gesetzes vom 23. Jan. 1838; Nro. 5 der Preussischen Kabinetsordre vom 10. Jan. 1824, betreffend die Erhebung der Maischbottichsteuer; § 15 des Preussischen Gebäudesteuergesetzes vom 21. Mai 1861; § 14 des Bayrischen Haussteuergesetzes vom 15. August 1828 und 19. Mai 1881). In allen diesen Bestimmungen wird das Dasein der Defraudation und die Anwendung der Strafe derselben lediglich durch die dort näher bezeichneten Thatsachen begründet. Gleichviel, ob man hierin mit Binding und Lucas[1] nur eine Präsumtion des dolus erkennen will, oder ob man hierin mit v. Liszt,[2] der sich für seine Meinung auf eine konstante Judikatur des Reichsgerichts[3] beziehen kann, die

[1] Insbesondere sollen nach Lucas (a. a. O. S. 135) der § 136, bezw. die analogen Paragraphen der anderen Reichszollgesetze eine Doluspräsumtion enthalten, und zwar umsomehr, als der 2. Abs. des § 137 des Vereinszollgesetzes, bezw. der letzte Absatz des § 13 und der § 32 der beiden anderen im Texte citierten Reichsgesetze diese Präsumtionen als einfache praesumtiones juris kennzeichnen. Kann nämlich der Angeschuldigte vollständig nachweisen, dass er eine Defraudation nicht habe herbeiführen können oder wollen, so findet nur eine Ordnungsstrafe statt. Letztere soll nach der Absicht des Gesetzgebers nicht als wirkliche Kriminalstrafe gelten, sondern als eine Verwaltungsmassregel im Interesse des Zoll- und Steuerdienstes. Hier erfordert das fiskalische Interesse eine mehr summarische und äusserliche Behandlung der Fälle. (Vgl. auch Meyer, Gerichtssaal. Jg. 1881, S. 121.) Selbst Binding, der sich am schroffsten gegen die Aufstellung schuldfreier Delikte ausgesprochen, spricht hier (a. a. O. S. 621) von einem gerechtfertigten fiskalischen Interesse, wiewohl er auch den hässlichen Heisshunger des Fiskus nach den Geldbussen der angeblichen Kontravenienten als mitwirkendes gesetzgeberisches Motiv gelten lässt.

[2] Lehrbuch, S. 150. Vgl. ferner Hälschner, Gerichtssaal, Bd. XVII. S. 341. 342.

[3] Vgl. das Urteil des Reichsgerichts vom 17. April 1883, (VII. S. 182). Daselbst wird ausgeführt, dass auf Grund der preussischen Kabinetsordre vom 10. Januar 1824, betreffend die Erhebung der Maischsteuer, strafbar sei jede Vornahme einer nicht angesagten oder der Ansage nicht entsprechenden Einmaischung oder Zubereitung von Maische an und für sich. Ein dolus oder selbst eine Fahrlässigkeit werde für die Maischsteuerkontravention von dem Gesetze nicht gefordert. Die angeführte Strafbestimmung sehe von der Willensrichtung

Konstituierung schuldfreier Delikte erblickt; soviel steht fest,˙ dass es sich hier um ganz singuläre Bestimmungen handelt. deren Anwendung nicht über das Gebiet hinaus ausgedehnt werden darf, welches ihnen der Gesetzgeber anweisen wollte, nämlich das Gebiet der Zoll- und Steuergesetzgebung. Hier wird der Verstoss gegen ein Fundamentalgesetz der Verschuldungslehre vom Gesetzgeber gerechtfertigt durch das fiskalische Interesse an der Erlangung der Zoll- und Steuergefälle.[1])

und dem Bewusstsein der Handelnden gänzlich ab und wolle schon das äussere Thun treffen. weil dadurch bereits allein das Steuerinteresse notwendig verletzt oder doch gefährdet werde. Vgl. ferner das Urteil vom 28. Mai 1880. Entsch. II. S. 70, ferner das Urteil vom 20. November 1882, Entsch. VII. 241, wo ausgeführt wird, dass. „indem der § 15 des Gesetzes, betreffend die Wechselsteuer vom 10. Juni 1869. die Nichterfüllung der Verpflichtung zur Entrichtung der Stempelabgabe schlechthin unter Strafe stellt, ohne in subjektiver Beziehung einen strafbaren Vorsatz oder eine schuldhafte Fahrlässigkeit zu erfordern, er sich auf den auch anderen, die Entrichtung der öffentlichen Abgaben regelnden, Gesetzen gemeinsamen Standpunkt stellt, sich selbst um die prompte Entrichtung der dem Staate schuldigen Abgaben zu kümmern und die Nichtbeobachtung solcher gesetzlichen Verpflichtung schlechthin als strafbare Abgabenhinterziehung zu ahnden."

[1]) Vgl. Hälschner. Gerichtssaal XVII. S. 341 und das Urteil des Reichsgerichts vom 19. Februar 1884, X. S. 111; ferner das Urteil des Reichsgerichts vom 4. Juni 1883. I. Strafsenat, VIII. S. 392, bezüglich des § 15 des Preuss. Gebäudesteuergesetzes vom 21. Mai 1861, wonach neu entstandene Gebäude spätestens 3 Monate vor dem Termine anzumelden sind, mit welchem sie zur Versteuerung gelangen, und derjenige, der diese Anmeldung unterlässt, mit Strafe bedroht wird. „Die Kriterien des Delicts," heisst es in der zuletzt genannten reichsgerichtlichen Entscheidung. „sind nach dem unzweideutigen Wortlaute des Gesetzes, welches das Erfordernis eines dolus oder einer culpa nicht entfernt andeutet. rein objektiv fixierte. Das Gesetz wollte auch seinem Zwecke gemäss von den regelmässig bei eigentlich kriminellen Handlungen (zum Teil auch bei anderen sog. Steuervergehen) als Voraussetzung der Strafbarkeit geltenden Schuldformen des dolus oder der culpa absehen, um das allgemeine öffentliche Interesse, insbesondere das finanzielle Interesse des Staates bezüglich der durch das Gesetz vom 21. Mai 1861 eingeführten Art der Grundsteuer als direkter Steuer, schnell und energisch zu sichern."

B. Qualitative Bestimmung der strafbaren Fahrlässigkeit.

§ 26.

Steht auf Grund des positiven Rechts die Strafbarkeit eines kulposen Verhaltens in abstracto fest, so fragt es sich weiter: wie muss die Fahrlässigkeit des Subjektes in concreto beschaffen gewesen sein, damit das Gesetz Anwendung finde? Bei der Beantwortung dieser Frage stehen sich zwei Anschauungen schroff gegenüber. Die herrschende Ansicht behauptet, dass es einen Durchschnittsmassstab von Aufmerksamkeit, der bei der Beurteilung eines konkreten Falles strafbarer culpa zu Grunde gelegt werden könnte, nicht gebe, dass vielmehr ein gerechtes Urteil, ob ein bestimmter Angeklagter in einem bestimmten Falle schuldhaft kulpos gehandelt habe, sich nur unter Berücksichtigung der Individualität des Angeklagten — seiner Intelligenz, Bildung und Lebensstellung, überhaupt nur unter Zugrundelegung der Verhältnisse des konkreten Falles —, abgeben lasse.[1]) Allgemein lasse sich nur sagen, das Subjekt habe sich einer strafbaren culpa schuldig gemacht, wenn es durch sein Verhalten einen rechtswidrigen Erfolg herbeigeführt habe, welchen es nach seiner individuellen Begabung bei gehöriger Aufmerksamkeit hätte vorhersehen und — wenn man vom geltenden Reichsstrafrecht absieht — als einen rechtswidrigen hätte erkennen können.[2])

Nach der entgegengesetzten, von von Bar[3]) aufgestellten, Ansicht muss bei der Frage nach der Verantwortlichkeit wegen

---

[1]) Vgl. insbesondere Köstlin, System I. § 66; Gessler, Begriff und Arten des dolus S. 96; Geib, Lehrb. II. S. 64; Goltdammer, Materialien I. S. 520; Hälschner, Gem. deutsch. Strafrecht I. S. 315; Rüdorff, Comm. zu § 222. N. 1. und die Entscheidungen des Reichsgerichts v. 2. Dec. 80, 15. Febr. 82, 29. März 82, 2. Mai 82 und 29. Dez. 83.

[2]) v. Buri, Zur Lehre von der Theilnahme an dem Verbrechen (1860) S. 27. 28.

[3]) Zur Lehre von der culpa und dem Causalzusammenhang, in Grünhut's Zeitschrift für das Privat- und öffentliche Recht der Gegenwart. Bd. IV. 23 flg.

culpa abgesehen werden von der individuellen Charakter-
disposition und geistigen Befähigung, soweit nicht Unzurech-
nungsfähigkeit oder verminderte Zurechnungsfähigkeit anzuerkennen ist. von Bar fordert vielmehr einen objektiven
Massstab für die Beurteilung kulposen Verhaltens, und er
findet denselben in der vernünftigen Regel des Lebens.
Um diese zu finden, muss der Richter im konkreten Falle
zu erforschen suchen, was andere Personen in gleichen oder
ähnlichen Lagen thun oder gethan haben. Hieraus ergiebt
sich eine ideale Regel, bei deren Bildung das wirklich regelmässig Vorkommende den zunächst in Betracht kommenden
Anhaltspunkt abgiebt. Lässt sich eine solche Regel Mangels
gleichartiger Fälle nicht konstatieren, so hat sich der Richter
die Frage vorzulegen, ob es vernünftig sei, in dem fraglichen Falle eine rechtliche Verantwortlichkeit anzunehmen,
oder nicht.

§ 27.

Indess bisher dürfte es weder der Gesetzgebung noch
der Theorie gelungen sein, in abstracto das Minimum von
Aufmerksamkeit zu bestimmen, welches von einem Menschen
im Verkehr mit anderen gefordert werden muss.

Weder „der abstrakte Mustermann" des römischen Civilrechts (der bonus pater familias),[1] der auch in einige neuere reichs-
gesetzliche Bestimmungen strafrechtlichen Inhalts übergegangen
ist,[2] noch das von von Bar[3] geforderte „mittlere Mass von

---

[1] l. 65. Dig. de usufr. 7. 1; l. 18 pr. Dig. commodati 13. 6; l. 12.
Dig. de periculo 18. 6: diligentia, quam debent homines frugi et diligentes
praestare. — Vgl. v. Buri: Ueber Causalität und deren Verantwortung
(1873) S. 11.

[2] So wird z. B. im Gesetz wegen Besteuerung des Braumalzes vom
4. Juli 1868, § 34 und im Gesetz, betreffend die Besteuerung des Branntweins vom 8. Juli 1868. § 66 das Wort „fahrlässig" erläutert durch die
Worte: d. h. „nicht mit der Sorgfalt eines ordentlichen Ge-
schäftsmannes," womit freilich gar nichts gesagt ist.

[3] a. a. O. S. 31.

Einsicht und Besonnenheit"[1]) vermag dem Richter als
ein brauchbarer Anhaltspunkt zu dienen; denn diese Mass-
stäbe sind selbst zu unbestimmt und müssen sich demzufolge
mit der Individualität des Richters in ihrer Qualität wandeln.
von Bar giebt selbst zu, dass bei Zugrundelegung seines
objektiven Massstabes hin und wieder Fälle vorkommen
mögen und vorkommen müssen, in welchen in der That ein
geistig zurückgebliebener oder verkommener Mensch für einen
Erfolg verantwortlich gemacht wird, den eine absolute oder
göttliche Gerechtigkeit nicht auf seine Rechnung setzen
würde. von Bar sieht hierin nur eine notwendige Unvoll-
kommenheit menschlicher Justiz, welche, wenn letztere überhaupt bestehen soll, eben mit in Kauf genommen werden müsse.

Allein, abgesehen von der Unmöglichkeit, einen gemein-
gültigen idealen Massstab zu schaffen, an welchem das menschliche Versehen, wie es in einem konkreten Falle zu Tage
tritt, bemessen werden könnte, so läge doch in der Aufstellung
eines solchen objektiven Massstabes prinzipiell ausgesprochen,
dass es im Strafrecht zulässig sei, eine Verschuldung auch
da anzunehmen, wo solche eingestandenermassen nach der
Individualität des Handelnden nicht vorhanden zu sein braucht.
Denn bei Zugrundelegung eines objektiven Massstabes ist die
Annahme einer Verschuldung möglich aufgrund einer Voraussetzung, die, wenn sie auch als die Regel des Lebens bezeichnet werden könnte, doch bei Berücksichtigung der Individualität des Angeklagten im konkreten Falle nicht zu-
zutreffen braucht. Die strafrechtliche Verschuldung lässt sich

---

[1]) Auch Berner, Lehrb. § 97 spricht von „der im bürgerlichen
Leben erforderlichen gewöhnlichen Aufmerksamkeit" u. v. Prittwitz in Goltdammer's Archiv Jg. 1882. S. 145 sagt: „das Versehen
müsse, um strafbar zu sein, mindestens ein mässiges sein, d. h. Thäter
müsse gegen die Regeln der gewöhnlichen Sorgfalt gehandelt haben."
Es giebt aber keine Regeln der gewöhnlichen Sorgfalt. Von der
„gewöhnlichen Sorgfalt" sprach schon die alte Theorie; vgl. Feuerbach,
Lehrbuch, § 58, ferner Luden, Abhandlungen II. S. 303 und neuerdings
wieder Schütze, Lehrb. S. 121 und Rotering in Goltdammers Archiv.
XXXI. S. 357.

aber nur aus demjenigen bestimmten Individuum herleiten, welchem ein bestimmtes rechtswidriges Verhalten zur Last gelegt wird. Der Umstand, dass das Individuum nicht so gehandelt, wie gewisse andere besonnene Menschen in gleichem Falle gehandelt haben würden, reicht zur Annahme einer Schuld noch nicht aus. Mit dieser formalen Messung der Schuld mag das Civilrecht sich begnügen, das Strafrecht darf es nicht. Die Möglichkeit, dass bei Zugrundelegung eines solchen objektiven Massstabes Unschuldige für ihr in strafrechtlicher Beziehung irrelevantes Verhalten verantwortlich gemacht werden könnten, oder dass „vielleicht in einzelnen Fällen ein Mangel der Intelligenz als Fehler des Willens thatsächlich bestraft werden kann,"[1]) macht diesen Massstab für das Strafrecht unannehmbar.

Nehmen wir beispielsweise folgenden Fall: die Frau eines Kuhhirten in einem oberschlesischen Dorfe hat ihr skrophelkrankes Kind dadurch getötet, dass sie dasselbe auf den Rat einiger alter Dorfweiber in einen noch warmen Backofen gesteckt hat, in welchem das Kind erstickte. Die Frau, die nach ihrem Auftreten vor Gericht für völlig zurechnungsfähig erachtet werden musste, war in einer Gegend aufgewachsen, in welcher thatsächlich der Aberglaube besteht, dass gewisse Kinderkrankheiten sich dadurch heilen lassen, dass man die mit solchen Krankheiten behafteten Kinder in einen noch heissen Backofen schiebt.[2]) Bei Zugrundelegung eines objektiven Massstabes — wenn ein solcher sich überhaupt hier aufstellen liesse — müsste in unserem Falle die Frau wegen kulposer Tötung bestraft werden. Denn im Allgemeinen wird man sagen müssen, dass ein vernünftiger Mensch die Gefährlichkeit eines derartigen Experiments, wie das in Rede stehende war, einsehen muss. Und doch hat das persönliche Auftreten der Frau die Richter nicht zu überzeugen vermocht, dass dieselbe — ungeachtet ihrer Zurechnungsfähigkeit — im konkreten Falle fahrlässig gehandelt

[1]) v. Bar, a. a. O. S. 47.

[2]) Vgl. den von Osenbrüggen, Abhandl. I. S. 33 mitgetheilten Fall,

habe. Sie vermochte infolge der sie von Jugend auf umgebenden Verhältnisse und nach den aus denselben gewonnenen Vorstellungen sich die Anderen aufdrängende Gefährlichkeit ihres Verhaltens nicht zu vergegenwärtigen. Eine Verurteilung dieser Frau wegen fahrlässiger Tötung enthielte eine nicht zu billigende Härte.

§ 28.

Allein der Gedanke, welcher der v. Bar'schen Theorie zu Grunde liegt, lässt sich in anderer Beziehung verwerten. Wenn auch als Regel daran festgehalten werden muss, dass das Vorliegen schuldhafter Fahrlässigkeit abhängt von der Individualität desjenigen, welcher sich des fahrlässigen Verhaltens schuldig gemacht hat, so werden doch gewisse nach der allgemeinen Erfahrung oder, wenn man will, nach der Regel des Lebens sich fast ausnahmslos oder doch sehr häufig wiederholende Fälle menschlichen Versehens aus der Sphäre des Strafrechts von vornherein ausscheiden.

Hierher gehört insbesondere das Versehen, welches aus der nur relativen Schärfe unserer Wahrnehmungsorgane hervorgeht und das deshalb nicht leicht vermieden werden kann: z. B. es bezeugt jemand eidlich, gesehen zu haben, dass der ihm im Termine vorgestellte Angeklagte die ihm zur Last gelegte strafbare Handlung begangen habe. Hinterher stellt sich heraus, dass nicht diese Person, sondern eine andere, dem Angeklagten sehr ähnliche, — etwa der Bruder oder der Vetter des Angeklagten — die fragliche That verübt habe. Der Irrtum ist hier durch die grosse Ähnlichkeit des Angeklagten mit dem ihm verwandten Thäter erzeugt worden. In solchen Fällen wird der Richter auf Grund allgemeiner Erfahrung annehmen können, der Thäter habe trotz gehöriger Aufmerksamkeit die richtige Vorstellung von der fraglichen Thatsache nicht erlangen können. Ein schuldhaftes Verhalten liegt alsdann nicht vor; der Thäter bleibt straflos.

Für die Straflosigkeit solchen Versehens spricht auch der mehr kriminalpolitische Grund, dass Strafen, welche sich gegen ein fahrlässiges Verhalten richten, das jedem Menschen von durchschnittlicher geistiger Begabung eigentümlich ist, nichts fruchten. Da nun aber die Strafen bestenfalls nur solche nachteilige Erfolge zu verhindern vermögen, deren Vermeidung in der Macht der Menschen liegt, so wird man sie vernünftiger- weise auch nur da eintreten lassen, wo man sich irgend welche Wirksamkeit von ihrer Anwendung versprechen kann. Wo diese Möglichkeit von vornherein wegfällt, wie bei dem Versehen, welches in der Schwäche der menschlichen Sinne begründet liegt, wird sich der Richter der Auflegung eines Strafleidens zu enthalten haben.

Eine kriminelle Verfolgung wegen Verletzung durch Fahr- lässigkeit erscheint auch dann unbillig, wenn die eingetretenen nachteiligen Folgen einer Handlung nach der Erfahrung sehr unwahrscheinliche, äusserst selten vorkommende oder gar ungewöhnliche sind. Hieran ändert auch nichts der Umstand, dass die eingetretenen schädlichen Folgen von grosser Er- heblichkeit für den davon Betroffenen sind: z. B. ein Lehrer versetzt in Ausübung seines Züchtigungsrechts einem Schüler mit der Hand einen Schlag auf den Kopf, infolgedessen — bei der, wie sich später herausstellt, anormalen Be- schaffenheit des Gehirns — der Tod des Geschlagenen eintritt.[1]

§ 29.

Endlich wird der Strafrichter bei der Prüfung der Fahr- lässigkeit stets eingedenk bleiben müssen, dass gewisse Ge- biete unserer Wissenschaften, gewisse Industrieen in viel- facher Beziehung eine von vornherein in ihren Folgen nur schwer übersehbare Kräfteentfaltung erfordern, dass nicht selten dem Wagnis unsere moderne Kulturentwickelung ihre

---

[1] Selbstverständlich ändert sich die Entscheidung im Falle fahrlässiger Ueberschreitung des Züchtigungsrechts. Vgl. Oppenhoff, Rechtsprechung des preussischen Obertribunals, XIV. S. 669 und Goltdammer's Arch. XXI. S. 541.

grössten Erfolge verdankt. So würde ein Chemiker, der im Dienste der Wissenschaft Experimente vornimmt, deren Resultate ihm von vornherein noch unklar sind, wegen einer gelegentlich beim Experimentieren erfolgten Explosion resp. . wegen der dadurch bewirkten Körperverletzungen oder Tötungen der in der Nähe seines Laboratoriums befindlichen Menschen nicht leicht wegen Fahrlässigkeit verantwortlich gemacht werden können; es sei denn, dass dem Chemiker offenbare Verstösse gegen die von ihm geübte Kunst nachgewiesen werden könnten. Dasselbe gilt von demjenigen Arzte, welcher behufs Errettung eines sonst unheilbar Kranken eine in ihren Folgen meist tödlich verlaufende Operation z. B. ein Tracheotomie bei Diphtheritis vornimmt.

Man weiss ferner, dass die Bereitung gewisser Stoffe, z. B. von Schiessbedarf, Dynamit und dergl., ferner die Verwendung des Dampfes, des Gases zu technischen und industriellen Zwecken und dergl. äusserst gefährlich ist, und dass trotz Beobachtung aller möglichen Vorsichtsmassregeln Fabriken, in denen solche Stoffe hergestellt, resp. solche Kräfte verwendet werden, nicht selten explodieren; und doch wird man dem Unternehmer einer solchen Fabrik es nicht zur Fahrlässigkeit anrechnen können, wenn dieselbe explodierte und wenn bei dieser Gelegenheit Leben und Gut der Arbeiter und anderer sich in der Nähe jener Fabrik aufhaltender Menschen vernichtet würde, wenn auch feststeht, dass dem Unternehmer bekannt war, resp. bekannt sein musste, dass gerade die Thätigkeit, welche die in concreto eingetretene Explosion verursachte, bereits häufig derartige Explosionen verursacht habe. Es liegt eben hier in der Bereitungsweise jederzeit eine Gefahr für die Arbeiter und die in der Gefahrssphäre berufsmässig oder zufällig sich aufhaltenden Personen. Weder ist der Unternehmer für die schädlichen Folgen eines solchen Betriebes — die Beobachtung der gesetzlich vorgeschriebenen Sicherheitsmassregeln vorausgesetzt — verantwortlich, noch wird ein weiser Gesetzgeber den Betrieb derartiger Anstalten verbieten, selbst auf die Gefahr hin, dass einmal eine solche Anstalt in die Luft flöge und dass dabei Leben und Gut von Menschen vernichtet würde.[1]

§ 30.

Die hier aufgrund allgemeiner Erfahrung ohne Rücksicht auf einen konkreten Fall aus dem Gebiete strafbarer culpa vollzogene Ausscheidung gewisser Fälle menschlichen Versehens kann allerdings zur Folge haben, dass ein wirklich Schuldiger der Strafe entgeht. Der Zeuge, welcher irrtümlicherweise den Bruder des Schuldigen für den Schuldigen selbst hält, hätte vielleicht nach seiner individuellen Begabung bei gehöriger Aufmerksamkeit eine richtige Aussage machen können. Aber hier, sowie in allen vorerwähnten Fällen, in welchen der Handelnde den schlimmen Erfolg nach seiner in concreto vorhandenen Kapazität hätte vorhersehen können, entschuldigt die Gefahr einer ungerechten Verurteilung das Verlassen des an sich richtigen Prinzips, die Schuld und insbesondere das strafbare Versehen nach der individuellen Anlage des Angeklagten zu bemessen.

Der Staat kann eher unter Zugrundelegung einer allgemeinen Regel das Vorhandensein strafbaren Versehens negieren, resp. auf die Bestrafung einer in concreto vielleicht vorliegenden strafbaren culpa verzichten, als eine solche aufgrund eines objektiven Massstabes präsumieren. Die Besorgnis v. Bar's, dass bei einer solchen die Individualität des Schuldigen in Betracht ziehenden Rechtsprechung „die Sicherheit der Personen und des Eigentums, ja die gesammte geistige und sittliche Entwickelung des Volkes" in Frage gestellt sei, dürfte nicht ganz den konkreten Verhältnissen entsprechen.

---

[1] Vergl. v. Bar, Lehre vom Causalzusammenhange, S. 14 und die Abhandlung von Rotering in Goltdammer's Archiv, XXX. S. 417.

IV. Giebt es Grade der culpa?

§ 31.

Die Annahme verschiedener Grade der strafrechtlichen Culpa findet sich zuerst bei den Italienern.[1]) Doch
herrscht über die Zahl der Grade unter ihnen keine Uebereinstimmung. So nimmt z. B. Bartolus fünf Grade an. Baldus
erachtet dagegen nur die culpa lata als strafbar. Obwohl sich
bereits Decianus (I. c. 6), Bossius (Tit. homicid. n. 66 sqq.)
u. Clarus (§ homicid. n. 4) gegen jede solche Scheidung erklärt hatten, so nahmen doch die gemeinrechtlichen
Kriminalisten[2]) die dem Privatrechte angehörigen Unter-
scheidungen der culpa in culpa lata, levis und levissima in
analoger Weise in das Strafrecht auf. Diese Scheidung er-
hielt sich in der Theorie bis gegen das Ende des vergangenen
Jahrhunderts (Vgl. Filangieri: Scienza della legislazione,
IV, c. (37 Vol. III p. 317)), bis endlich Feuerbach[3]) den
Satz aufstellte, dass es wirklich absolute Grade der culpa
nicht gebe, dass sich wohl unendlich viele Abstufungen der
culpa denken lassen, dass diese aber wegen ihrer Beziehung
zur Individualität des Handelnden und zu den Umständen des
konkreten Falles sich nicht fixieren lassen.[4]) Dieser richtigen

---

[1]) Gandinus Rubr. de homicid.; Angelus Aret. v. Scienter dolose
n. 13—15. p. 106. 107. Idem v. Incendiario n. 4—6. p. 146; Menochius
de arbitrar. iudic. II c. 324 n. 2; Jacob de Bellovis. III. 11; Decianus I. 4. 6. IX. 27; Farinacius qu. 87 n. 70 sqq.; qu. 126 n. 27.

[2]) Carpzov, qu. 142 n. 30 sqq.; Boehmer, med. ad. art. 146 § 4.
Damhouder, Prax. rer. crim. c. 75 n. 8 sqq. Während dagegen Kleinschrod, Syst. Entwickelung I. S. 70; Grolman, Grunds. § 50; Salchow,
Straf. und Verbr. I. S. 65; Bauer, Lehrb. § 62 noch an der dreigliedrigen
culpa festhielten, reduzierten Schröter, Handb. I. § 73; Wächter, Handb.
I. § 80 n. 58 und Abegg, § 86 Anm. die Grade der culpa auf zwei c.
lata und levis.

[3]) Kritik des Kleinschrod. Entw. II. S. 44 flg.

[4]) Dagegen unterschied Feuerbach (Lehrb. § 55), wie bereits oben
S. 15 hervorgehoben, zwei Arten der culpa, je nachdem der Handelnde sich

Auffassung folgten fast alle Neueren,[1]) so dass jetzt als herrschende Ansicht die Verwerfung jeder Gradation der culpa gelten kann. Diese Anschauung entspricht auch dem Geiste des römischen Strafrechts, in dessen Quellen eine unmittelbare Anwendung der Sätze des Civilrechts auf das Kriminalrecht sich nicht nachweisen lässt. Auch die Carolina, Art. 136 u. 146, setzt keine bestimmten Grade fest, wenn sie auch anerkennt, dass die culpa in einem konkreten Falle eine schwerere sein könne, als in einem anderen. Die deutsche Partikulargesetzgebung schweigt über Grade der culpa gänzlich. Das preussische Landrecht (II. 20. § 28—30) spricht insbesondere nur von gehöriger Aufmerksamkeit und Ueberlegung beim Handeln und überlässt die Beurteilung der Schwere des Versehens dem Richter nach Lage des konkreten Falles (I. 3. § 25).[2]) Nur Bayern 1813 (Art. 65. 68) und im Anschlusse an dasselbe Hannover (Art. 48. 49) halten die Unterscheidung von grober und geringer Fahrlässigkeit aufrecht.

§ 32.

Das Reichsstrafgesetzbuch kennt gleichfalls keine Stufen oder gesetzlichen Grade der Fahrlässigkeit. Es straft denjenigen, der nach seiner Kapazität die Folgen seiner Handlung zu erkennen imstande war und überlässt dem Richter die Beurteilung darüber, ob dies der Fall war (Urteil des Reichsgerichts vom 28. April 1880, III. Strafsenat, II. S. 142).

---

des ursächlichen Zusammenhanges bewusst war oder nicht, die sog. bewusste im Gegensatze zur unbewussten culpa, eine Scheidung der culpa in Arten, welche mit der Gradation der culpa nichts zu thun hat.

[1]) z. B. Henke, Handb. I. S. 522 flg.; Oersted, Grundregeln der Strafgesetzgebung, Kopenhagen (1818), S. 257 flg.; Marezoll, Crimr. S. 113; Koestlin, Revision S. 236; System I. 173 flg.; Hälschner, Gem, deutsch. Strafrecht, Bd. I. S. 322.

[2]) Vgl. das Gutachten v. Savigny's, abgedr. bei Goltdammer, Materialien I. Beilage E. S. 520 flg.

78

Wenn nun auch die gesetzliche Aufstellung einer bestimmten Zahl von Graden oder Abstufungen der culpa unzulässig erscheint, so wird sich der Richter im konkreten Falle gleichwohl der Wägung des Grades der Fahrlässigkeit zum Zwecke eines gerechten Ausmasses der Strafe nicht entziehen können. Je gefährlicher die Handlungsweise eines Menschen an sich ist, d. h. je offensichtlicher die Möglichkeit des schädlichen Erfolges hervortritt, je wertvoller das Objekt ist,[1]) zu dem der Handelnde in Beziehung tritt, desto grösser ist seine Pflicht zur Aufmerksamkeit, insbesondere zur Erwägung der möglichen Folgen der beabsichtigten Handlung. Wer an Orten, an welchen sich Menschen aufzuhalten pflegen, schiesst, muss vorsichtiger sein, als derjenige, der an solchen Orten Reifen wirft. Insofern kann man allerdings von einer grösseren oder geringeren Fahrlässigkeit reden.[2]) Schon deshalb liesse sich eine allgemeine Strafvorschrift wegen Verletzung pflichtmässiger Aufmerksamkeit[3]) nicht rechtfertigen. Sie widerspräche dem Prinzipe der Individualisierung der Strafe.

§ 33.

In den §§ 222 und 330 des R.-St.-G.-B.'s werden die Fälle besonders hervorgehoben, in welchen der Handelnde zu besonderer Aufmerksamkeit verpflichtet ist, nämlich wenn er insachen seines Amts, Berufs oder Gewerbes thätig wird.

In solchen Fällen darf man von dem aus Fahrlässigkeit Delinquierenden aufgrund der ihm bekannten oder bei ihm als bekannt vorauszusetzenden Folgen seines Verhaltens eine grössere Aufmerksamkeit fordern, als von einem Laien.[4])

---

[1]) Hälschner, gem. deutsches Strafrecht I. S. 324.
[2]) v. Schwarze, Comm. S. 22.
[3]) „Das Unterlassungsverbrechen der Denkfaulheit." wie es Binding (Normen II. S. 129) nennt, der übrigens die Aufstellung eines solchen mit Recht verwirft.
[4]) I. 9. § 5. Dig. locati 19. 2. Celsus etiam imperitiam culpae adnumerandam libro 8 digestorum scripsit: si quis vitulos pascendos vel sarciendum quid poliendumve conduxit, culpam cum praestare debere et quod imperitia peccavit, culpam esse: quippe ut artifex, inquit, conduxit. I. 8. § 1.

Darnach wird der Fachmann, während der Laie nur die nach seiner Erfahrung wahrscheinlichen Folgen der Handlung zu vertreten braucht, schon für die nach der Natur seiner Handlung möglichen Folgen verantwortlich erachtet werden müssen.

Mit diesem im § 222 des R.-St.-G.-B.'s gedachten höheren Grade krimineller Fahrlässigkeit ist nicht die im § 316 des R.-St.-G.-B.'s gedachte Pflichtvernachlässigung der Eisenbahnbeamten identisch, durch welche eine Transportgefährdung verursacht wird, die den Tod eines Menschen zur Folge hat. Jene Fahrlässigkeit setzt, wie das Urteil des Reichsgerichts vom 22. Febr. 1883 ausführt, neben dem objektiv pflichtwidrigen oder sonst den Anforderungen sorgfältiger und gewissenhafter Handlungsweise zuwiderlaufenden Verhalten subjektiv die Zurechenbarkeit des durch dieses Verhalten herbeigeführten schädlichen Erfolges zur Schuld voraus, und hierzu ist erforderlich, dass der Thäter den Eintritt dieses Erfolges bei Anwendung pflichtmässiger Sorgfalt auch hätte voraussehen können oder müssen. Der Thatbestand der im § 316 Abs. 2 gedachten Transportgefährdung, durch welchen der Tod eines Menschen verursacht worden, ist dagegen schon gegeben, wenn der eingetretene Tod objektiv im Kausalzusammenhange mit der Pflichtvernachlässigung und der durch letztere veranlassten Transportgefährdung steht. Er erfordert auf Seite des Thäters nicht die Vorhersehbarkeit dieser Folgen, er deckt sich daher keineswegs mit dem allgemeinen Thatbestand der durch Fahrlässigkeit verursachten Tötung eines Menschen (§ 222 des St.-G.-B.'s).

Mit Recht sagt Meves (Gerichtssaal Bd. 26. S. 247): „Das Prinzip, welches dieser Bestimmung zu Grunde liegt, ist ein aussergewöhnliches. Während das gemeine Strafrecht nur bei dem Zusammentreffen eines rechtsverletzenden Er-

Dig. ad leg. Aquil. 9. 2. Pernice, Labeo II. 236. Vgl. Sachsen, art. 48: „Ungewöhnliche Bedachtsamkeit ist von dem Handelnden nicht zu verlangen, ausser wo eine besondre Verpflichtung dazu stattfindet." Dsgl. Darmstadt, art. 57.

folges mit dem auf ihn gerichteten subjektiven Schuldmoment das Vorhandensein einer Strafthat kennt, ist es hier allein der Erfolg, welcher den Ausschlag giebt und die Grenzlinie zieht zwischen dem gemeinen und dem disziplinaren Strafrechte. Nur das Gewicht der Gemeingefahr, welche mit den Pflichtvernachlässigungen verbunden ist, rechtfertigt ein Prinzip, das in so erheblichem Masse von den allgemein strafrechtlichen Grundsätzen abweicht."

Unter Amt, Beruf und Gewerbe sind in den §§ 222 u. 330 des R.-St.-G.-B.'s nicht nur Staats- und Gemeindeämter zu verstehen oder Gewerbe im engeren Sinne, sondern jede Berufspflicht, der sich jemand in der Gesellschaft unterzieht: so können auch Landwirte [1], Hirten, Kutscher, Kindermädchen und dergl. aus § 222. 2, resp. 230. 2. strafrechtlich in Anspruch genommen werden. [2]

Bemerkenswert ist die kriminale Haftpflicht der Ärzte. [3] Liegen nicht Verstösse gegen die Regeln ihrer Kunst, sog. Kunstfehler, vor, so bleiben sie straflos. Andernfalls kommen die Grundsätze des gemeinen Strafrechts über culpa, und zwar nach §§ 222. 230 des R.-St.-G.-B.'s zur Anwendung.

Man streitet darüber, ob dem Arzte die infolge seiner Unwissenheit seinen Patienten zugefügten Gesundheitsschädigungen strafrechtlich anzurechnen seien. Ein Preussisches Rescript vom 7. August 1820 (abgedruckt bei Geib I. S. 265) verneint die kriminale Imputation für diesen Fall. [4]

---

[1] z. B. durch Verkauf kranken, gesundheitsschädlichen Viehs (Stenglein, Zeitschrift für Gerichtspraxis in Deutschland VIII. S. 162) oder wegen fahrlässiger Handhabung landwirtschaftlicher Maschinen.

[2] Vgl. von Prittwitz in Goltdammers Arch. Bd. 30. S. 160); Rüdorff, Comm. zu § 222. n. 4 und Olshausen, Comm. zu § 222. n. 6. S. 759.

[3] Vgl. Schürmayer, Gerichtl. Medizin (1874) S. 392.

[4] Aehnlich schon Plinius Nat. Hist. XXIX. 1. 18. Nulla praeterea lex, quae puniat (medicorum) inscitiam, capitale nullum exemplum vindictae. Discunt periculis nostris et experimenta per mortes agunt, medicoque tantum hominem occidisse impunitas summa est.

„Ein Fehler des Willens", heisst es daselbst, „worauf sich
das Gebiet des Kriminalrichters doch beschränken muss, ist
in dem letzteren Falle um so weniger vorhanden, als der Arzt
durch die nach vorhergegangener Prüfung erhaltene Approbation zu der Meinung berechtigt wird, dass es ihm an den
zur Ausübung der Heilkunde erforderlichen Kenntnissen nicht
fehle". Diese Ansicht erscheint nicht billigenswert; ganz
abgesehen davon, dass kein Verständiger aufgrund einer be-
standenen Prüfung zu der Annahme berechtigt ist, dass er
nunmehr alle in seinen Beruf einschlägigen Wissenschaften
und Fertigkeiten erworben habe, wird auch durch die Er-
teilung einer Approbation gar nicht ein solches Urteil ausgesprochen; überdies verpflichtet die dem Arzte erteilte
Approbation letzteren, seinen Beruf nach den hergebrachten
Regeln seiner Kunst auszuüben. Hat er jene Regeln nach
dem Urteile der Sachverständigen verletzt, so macht er sich
strafbar, andernfalls kann er selbstverständlich für den
schlimmen Ausgang seiner Kur nicht strafrechtlich verantwortlich gemacht werden. Desgleichen wird ein Irrtum,
gleichviel ob er die Diagnose oder die Wahl der Mittel betrifft, bei vorhandener Schwierigkeit oder Zweifelhaftigkeit
des Falles als ein entschuldbarer gelten müssen.[1]) Auch
wird der Richter zu erwägen haben, ob nicht die nach Lage
der Verhältnisse für den Arzt gebotene Notwendigkeit, rasch
zu handeln, die Unmöglichkeit in sich schloss, mit der gehörigen Ruhe und Überlegung der möglichen Folgen zu verfahren.[2]) Allein zu weit würde man gehen, wollte man mit
Rücksicht auf die besondere Beschaffenheit der medizinischen
Wissenschaften überhaupt die Handlungen der Medizinalpersonen den sonst geltenden Grundsätzen über culpa nicht

---

[1]) Vgl. Stenglein, Zeitschrift für Gerichtspraxis, IV. S. 353 und
Rüdorff, Comm. zu § 222. n. 6.
[2]) Vgl. Hannover. Art. 49. N. 3: „Geringe (sc. nicht strafbare)
Fahrlässigkeit ist in der Regel vorhanden, wenn der Handelnde durch un-
verschuldete dringende Umstände zur schnellen Entschliessung bestimmt
wurde" und Bayern, Art. 68. N. 3.

unterstellen.[1]) Man würde damit gewissenlosen und un-
wissenden Ärzten einen Freibrief ausstellen, mit dem Leben
und der Gesundheit ihrer Mitbürger nach Gutdünken zu verfahren. Übrigens finden die §§ 222 und 230 des R.-St.-G.-B.'s
nicht nur auf die vom Staate approbierten Medizinalpersonen,
sondern auch auf sogenannte Pfuscher Anwendung; denn
der Grund der in den §§ 222. 230 enthaltenen Strafver-
schärfung lag in der Erwägung des Gesetzgebers, dass diejenigen, welche einen bestimmten Beruf oder ein besonderes
Gewerbe ausüben, gleichviel, ob sie die Fähigkeit hierzu
wirklich besitzen oder nur vorgeben zu besitzen, eine höhere
Verantwortlichkeit hinsichtlich der aufmerksamen Benutzung
der bei ihnen vorausgesetzten Einsicht und Sachkenntnis über-
nehmen. Überdies liegt in der Übernahme ärztlicher Behandlung ohne genügende Kenntnisse schon an sich eine strafbare
Fahrlässigkeit.[2])

Selbstverständlich gehört hierher nicht der Fall, wenn jemand
in Notfällen bei dem Mangel ärztlicher Hilfe selbstthätig ein-
greift und dabei gegen die Regeln der Kunst verstösst, z. B. einen
fehlerhaften Notverband anlegt, so dass der Verwundete verblutet.

---

[1]) L. 6. § 7. D. de offic. praes. (1. 18). Sicuti medico imputari even-
tus mortalitatis non debet, ita quod per imperitiam commisit, imputari
ei debet: praetextu humanae fragilitatis delictum decipientis in periculo
homines innoxium esse non debet. L. 7. § 8. D. ad L. Aquil. (9. 2) § 7.
I. eod. (4. 3). Diese Ansicht wird auch in der Carolina (Art. 134) festgehalten . . . „Item so eyn artzt auss vnfleiss oder vnkunst, vnnd doch
vnfürsetzlich jemandt mit seiner artzenei tödtet, erfündt sich dann durch
die gelerten vnd verstendigen der artzenei, dass er . . . sich ungegründter
vnzulessiger Artzenei, die jm nit gezimbt hat, vnderstauden, vnd damit
eynem zum todt vrsach geben, der soll nach gestalt vnd gelegenheyt der
sachen vnd nach radt der verstendigen gestrafft werden."

[2]) Vgl. die Entscheidung des Berliner Obertribunals v. 17. Oct. 1877
(Oppenhoff, Rechtsprechung, Bd. XVIII. S. 654) und die Urteile des
Reichsgerichts v. 20. Oct. 1879 (Annalen des Reichsgerichts v. B r a u n
und B l u m I. S. 32) und 19. April 1881 (Annalen III. S. 466).

V. Ist die Culpa auch ohne rechtsverletzenden Erfolg strafbar?

§ 34.

Die meisten deliktischen Thatbestände erfordern zu ihrer Vollendung das Eintreten eines bestimmten Erfolges, so der Thatbestand der Tötung, der Körperverletzung, des Betruges, des Diebstahls (sogenannte Erfolgsdelikte).

In einigen Fällen genügt indess zu ihrer Vollendung die Ausführung der Handlung als solcher oder die blosse Unterlassung einer gesetzlich gebotenen Thätigkeit, ohne dass es auf einen bestimmten äusseren Erfolg ankäme. Zu diesen Fällen gehören die Beleidigung, der Meineid, die Unzucht, die Münzfälschung und eine Anzahl Übertretungen von Vorschriften polizeilichen Charakters, z. B. schnelles Reiten oder Fahren in Städten, Losschiessen von Gewehren in der Nähe von Gebäulichkeiten, das Hetzen von Hunden auf Menschen, die Unterlassung der Zudeckung von Gruben, die Unterlassung der Reinigung von Strassen etc. In allen diesen Fällen ist der Thatbestand schon durch die blosse schuldhafte Vornahme der durch das Strafgesetz verpönten Handlung oder durch die Unterlassung der gebotenen Handlung erfüllt. Ein rechtsverletzender äusserer[1]) Erfolg ist nicht erforderlich. Man kann diese Delikte deshalb im Gegensatze zu den Erfolgsdelikten reine Handlungs- resp. Unterlassungsdelikte nennen.

Was nun insbesondere die Strafbarkeit der culpa anlangt, so wird bei den sogenannten Erfolgsdelikten nach positivem Recht[2]) die culpa erst dann erheblich, wenn durch dieselbe ein nachteiliger Erfolg verursacht worden ist, bei den so-

---

[1]) Vgl. Meyer, Lehrbuch, § 30. S. 175; Rupp, Modernes Recht und Verschuldung, S. 84, und Hälschner. das gem. deutsch.Strafr. I. S. 314.

[2]) Vgl. Meyer, Gerichtssaal, Bd. 33. S. 122 über die vielfach im positiven Strafrecht hervortretende Neigung. dem Erfolge einen Einfluss auf die Strafe einzuräumen.

6*

genannten Handlungsdelikten dagegen schon mit der Begehung der unter Strafe gestellten Handlung.

Man kann daher Lucas (Verschuldung, S. 111) beitreten, wenn er die herrschende Auffassung, wonach die Fahrlässigkeit nur dann strafbar sei, wenn sie einen bestimmten rechtswidrigen Erfolg verursacht habe, als eine zu enge bemängelt. So sagt z. B. von Liszt (Lehrbuch, I. Aufl., § 29): „Die strafrechtliche Fahrlässigkeit besteht .... nicht lediglich in einer pflichtwidrigen Unachtsamkeit, in der Ausserachtlassung der erforderlichen Sorgfalt. Die Übertretungen des § 366, N. 2—9 des Strafgesetzbuches, z. B. das Stehenlassen von Pferden auf öffentlichen Wegen mit Vernachlässigung der erforderlichen Sicherheitsmassregeln, sind keine fahrlässigen Delikte. Die pflichtwidrige Unachtsamkeit kommt als strafrechtliche Fahrlässigkeit nur dann in Betracht, wenn sie die Ursache eines weiteren rechtswidrigen Erfolges wurde.[1]) wenn also z. B. die vernachlässigten Pferde ausgerissen sind und ein Kind beschädigt haben." Mit dieser Auffassung harmoniert auch .die Entscheidung des Reichsgerichts vom 15. Februar 1882 (III. Strafsenat, Entscheidung VI. S. 41): „Das Wesen der kriminalistischen Fahrlässigkeit besteht darin, dass durch Nichtanwendung der nach den gegebenen Umständen gebotenen Sorgfalt und Umsicht von dem Handelnden ein vom Rechte reprobierter Erfolg seines Handelns herbeigeführt worden ist.

Das Vorhandensein von strafbarer Fahrlässigkeit auch bei den vorerwähnten reinen Handlungsdelikten lässt sich indessen nicht bestreiten. Nur ist nicht recht klar, was Lucas meint, wenn er (a. a. O.) von Delikten redet, bei

---

[1]) Nach Schaper, in v. Holtzendorff's Handbuch II. S. 181, der sich der herrschenden Meinung (vgl. z. B. Geyer in v. Holtzendorff's Rechtslexikon I. S. 490 und Meyer, Lehrbuch. S. 170. N. 3) anschliesst, soll nur der fahrlässige Meineid eine Ausnahme begründen. „Das Vergehen vollende sich mit der Handlung des Schwörens. Die Schuld bestehe darin, dass der Schwörende sich des Thatumstandes, dass das Geschworene falsch ist, nicht bewusst sei, und dass der Mangel dieses Bewusstseins auf Mangel an Sorgfalt und Gründlichkeit bei Prüfung der Richtigkeit der eidlich zu bekräftigenden Thatsachen zurückzuführen sei."

welchen an die Stelle des Erfolges, wie auf dem Gebiete des
Vorsatzes, so auch auf demjenigen der Fahrlässigkeit, der
Thatumstand in dem Sinne trete, dass letzterer Gégen-
stand des verschuldeten Irrtums sein müsse, welcher den
Vorwurf der Fahrlässigkeit begründet; mit anderen Worten:
„auch derjenige handele schuldhaft fahrlässig, welcher infolge
seiner Unachtsamkeit das Vorhandensein eines zum Thatbestande der Strafthat wesentlichen Thatumstandes nicht
kannte, resp. verkannte."

Richtig ist, dass der allgemeine Begriff Fahrlässigkeit
ein weiterer ist als der strafrechtliche, insbesondere der
positivrechtliche. Aber das blosse Verkennen eines Thatumstandes aus Fahrlässigkeit entbehrt der Rechtserheblichkeit im kriminalistischen Sinne. Letztere ist vielmehr nur
vorhanden, wenn durch dieses Verkennen mindestens eine
Rechtsverletzung herbeigeführt worden ist.[1] Wenigstens
ist nach positivem Rechte bei allen Erfolgsdelikten, die culpose begangen werden können, die Fahrlässigkeit, welche
sich auf einem zum Thatbestande der Strafthat wesentlichen
Thatumstand bezieht. nur mit dem Eintritte eines bestimmten
nachteiligen Erfolges strafbar.[2]

Lucas (a. a. O. S. 115) will zwar im 2. Abs. des § 59
des R.-St.-G.-B.'s: „Bei der Bestrafung fahrlässig begangener
Handlungen gilt diese Bestimmung nur insoweit, als die Unkenntnis selbst nicht durch Fahrlässigkeit verschuldet ist"
für seine Ansicht eine Bestätigung gefunden haben. Allein
die durch Fahrlässigkeit verschuldete Nichtkenntnis eines
Thatbestandsmerkmals hat auch hier zur Voraussetzung den
Eintritt des durch die Fahrlässigkeit verursachten Erfolges.
Die fahrlässige Unkenntnis eines Thatbestandsmerkmales an

---

[1] Vgl. Köstlin, System I. § 68; Berner, Gerichtssaal Bd. XVII.
(1865) S. 82. 83.

[2] „In dem Ungestraftbleiben der unvorsichtigen Handlung, die
keinen schädlichen Erfolg nach sich gezogen, bewährt sich die Rücksicht-
nahme auf das Nützliche. Daher beweist diese Straflosigkeit nicht auch
die Schuldlosigkeit des Handelnden." Bekker, Theorie S. 498.

sich ist irrelevant. Wer ein Gewehr ohne weitere Prüfung, ob dasselbe geladen ist oder nicht, zum Scherz auf einen Menschen anlegt, handelt allerdings fahrlässig: aber diese culpose Handlung entbehrt der Rechtserheblichkeit. Erst die durch jene Fahrlässigkeit verursachte Tötung, resp. Körperverletzung würde die Fahrlässigkeit zu einer kriminalrechtlich erheblichen machen.[1])

Obwohl die Auseinanderhaltung sogenannter Erfolgs- und blosser Handlungsdelikte der Natur der Sache entspricht, so ist doch eine Betrachtungsweise möglich, wonach auch Handlungsdelikte sich als sogenannte Erfolgsdelikte konstruieren lassen. Man braucht nur bei derartigen Delikten den rechtsverletzenden Erfolg, wie schon Stübel (Thatbestand, § 10) gethan, darin zu finden, dass durch dieselben eine Gefahr erzeugt wird, durch welche Jemand in seinen Rechten bedroht wird.[2])

Ist noch ausserdem durch das unvorsichtige Benehmen ein rechtsverletzender Erfolg erzeugt worden, so liegt eine ideale Konkurrenz einer kulposen Übertretung und eines anderen kulposen Deliktes vor, bei welcher allerdings die für das kulpose Delikt zu verhängende höhere Strafe die auf die Übertretung gesetzte niedere Strafe absorbieren wird. Ist beispielsweise durch unvorsichtiges, schnelles Fahren ein Mensch überfahren und dadurch verletzt oder getötet worden, so geht die kulpose Übertretung des Verbotes, schnell zu fahren, in der fahrlässigen Körperverlezung bezw. Tötung auf.

---

[1]) Der Fabrikherr, welcher dem § 135 der R.-G.-O. (Novelle v. 17. Juli 1878) entgegen einen jugendlichen Arbeiter länger als 10 Stunden täglich beschäftigt, weil er sich in fahrlässiger Unkenntnis über das Alter des jugendlichen Arbeiters befindet, begeht das Fahrlässigkeitsdelikt nicht schon mit der vorhandenen fahrlässigen Unkenntnis, sondern erst mit der Beschäftigung des Arbeiters über 10 Stunden.

[2]) Vgl. Schaper (in v. Holtzendorff's Handbuch II. S. 95) „Es muss wohl davon ausgegangen werden, dass in gewissem Umfange die blosse Gefährdung der unter Strafschutz gestellten Güter bereits als Rechtsverletzung zu betrachten sei."

Endlich könnte auch der fahrlässige Meineid zu denjenigen Delikten gezählt werden, welche durch ihre Begehung zugleich einen rechtsverletzenden Erfolg darstellen. Dieser ist eben der Meineid selbst. Er ist das Resultat einer Handlung, die hier, wie bei der Beleidigung (§ 186 des R.-St.-G.-B.'s), in dem Aussprechen von Thatsachen besteht, welche objektiv unrichtig sind, und zwar unrichtig infolge mangelnder Sorgfalt seitens des Aussagenden. Würde der Gesetzgeber die sich an einen fahrlässigen Meineid knüpfenden nachteiligen Folgen für den davon Betroffenen als Strafschärfungsgrund hinstellen, so würde er für die Strafbarkeit der Fahrlässigkeit einen zwiefachen Erfolg zum Thatbestande erfordern.

Wie bereits gesagt, diese Betrachtungsweise ist möglich: aber sie erscheint gesucht, weil sie der Wirklichkeit widerspricht. Sie erinnert an die Erweiterung des Handlungsbegriffes auf Unterlassungen, wobei man letztere als negative Handlungen auffasste (z. B. Berner, Lehrbuch, § 90).

VI. Der Kausalzusammenhang zwischen Erfolg und Fahrlässigkeit.

§ 35.

Soll der im Gesetzbuch mit Strafe bedrohte Erfolg auf die Fahrlässigkeit Jemandes zurückführbar sein, so muss die Fahrlässigkeits-Handlung oder Unterlassung mit dem rechtsverletzenden Erfolge im Kausalzusammenhange stehen. Die Beantwortung der Frage, wann ein solcher Kausalzusammenhang anzunehmen, hat bekanntlich in den beiden letzten Dezennien eine äusserst umfängliche Behandlung erfahren.[1])

---

[1]) von Buri's Abhandlungen in Goltdammer's Archiv XI. XII. XIV und im Gerichtssaal in Jg. 1870. 1876. 1877 und 1880 und die Monographien „über Kausalität und deren Verantwortung," Leipzig 1873, ferner

Ein besonderes Eingehen auf die verschiedenen Streitpunkte dieser Lehre kann in dieser Abhandlung, welche die Lehre von der Fahrlässigkeit zum Gegenstande hat, nicht erwartet werden.[1]) Um nicht wiederholt Gesagtes nochmals breit auszuführen, soll gleich der Satz an die Spitze der Ausführung gestellt werden, dass der Kriminalist, welcher von Ursache spricht, hierunter nicht, wie der Naturforscher, den Inbegriff aller denkbaren Voraussetzungen und selbstverständlichen Vorbedingungen irgend eines Ereignisses versteht. Wie v. Bar (Zur Lehre von der culpa etc. S. 36) richtig sagt: „Dieser Begriff der Ursache, welcher unmittelbar auf den Zusammenhang der ganzen Welt führt, da jede Bedingung wieder ihre Vorbedingungen hat, ist für das Recht, wie überhaupt für die empirische Untersuchung unbrauchbar."[2])

„die Kausalität und ihre strafrechtliche Beziehung" (Beilageheft zum Gerichtssaal 1885); ferner v. Bar, Lehre vom Kausalzusammenhange. Leipzig 1871, und dessen Aufsatz: „Zur Lehre von der culpa und dem Kausalzusammenhang" in Grünhut's Zeitschrift für privates und öffentliches Recht, 1877; Binding, Normen I. S. 39 ff.; ferner Ortmann, zur Lehre vom Kausalzusammenhange, Goltdammer's Archiv Jg. 1876; Birkmeyer, über Ursachenbegriff und Kausalzusammenhang, Gerichtssaal, Bd. 37, S. 258 flg.

[1]) Der Verfasser dieser Abhandlung hat bereits in seinen im Jahre 1878 erschienenen Beiträgen „Zur Lehre von der kriminalistischen Zurechnungsfähigkeit" (vgl. S. 51 und die Note) diese Kardinalfrage des Rechts, allerdings nur ganz im Vorbeigehen, einmal gestreift, und deshalb scheint diese seine Auffassung, soviel dem Verfasser bekannt geworden, nirgends einer Würdigung unterzogen worden zu sein. Nur Geyer sagt einmal bei Gelegenheit einer Besprechung der vorerwähnten Arbeit (in Heymann's Kritischem Literaturblatt für Rechts- und Staatswissenschaft, Jahrgang 1879, S. 58) . . . . Weniger gelungen ist die S. 51 flg. eingeschobene „Skizze einer Schuldlehre," an deren Spitze eine ganz unhaltbare Auffassung von Urheber und Ursache vorgetragen wird." Mit solchen Worten ist die Unbrauchbarkeit einer Theorie allerdings noch nicht erwiesen. Deshalb soll diese Ansicht hier noch einmal zur Darstellung gelangen in der Hoffnung, dass sie diesmal nicht wieder übersehen, sondern eine, wie es die Wichtigkeit des Gegenstandes erfordert, eingehendere Prüfung finde.

[2]) Vgl. auch v. Bar a. a. O. N. 23, wo auf ein Urteil des Oberappellationsgerichts zu Lübeck vom 11. Juni 1872 Bezug genommen wird.

Um zu einem in kriminalistischer Beziehung brauchbaren Ursachbegriff zu gelangen, müssen wir uns vorerst darüber klar werden, dass ein strafbares Ereignis als Ursache immer einen **schuldhaften** Menschen und, wie wir gleich hinzufügen können, stets einen **zurechnungsfähigen** Menschen zur Voraussetzung hat.[1] Naturereignisse, Tiere, Wahnsinnige, infantes können wohl **Schaden** anrichten, aber **Ursache im kriminalrechtlichen Sinne**, d. h. dem **Strafrichter verantwortliche Ursache** sind sie nicht.

Ist nun der zurechnungsfähige, schuldhafte Mensch als die allein mögliche Ursache irgend welches objektiv strafbaren Ereignisses gefunden, so fallen hiermit schon eine ganze Reihe von Bedingungen einer in strafrechtlicher Hinsicht erheblichen Erscheinung als ausserhalb des Kreises der kriminalistischen Betrachtung liegend hinweg. Zum Ziele gelangen wir aber erst, wenn wir uns vergegenwärtigen, wie das Verbrechen zustande kömmt. Dies ist nur dadurch möglich, dass **ein Mensch auf ein durch das Recht geschütztes Objekt in rechtswidriger Weise einwirkt.** Die nähere Umgrenzung dieser Einwirkung auf das Objekt enthält zugleich die Beantwortung der Frage, welcher Mensch als die cansa eines in concreto vorliegenden Verbrechens zu erachten sei. Diese Betrachtung führt uns sofort auf das **Mittel.**

Der Begriff des Mittels, richtig gefasst, enthält die Lösung der Frage nach der Kausalität im kriminalistischen Sinne.

Sehr schön entwickelt Berner (Lehrbuch, XI. Aufl. S. 156) den Begriff des Mittels. Er sagt: „Das Subjekt kann auf ein Objekt nur einwirken durch ein Mittel. Das Mittel

---

Dasselbe erkennt an: „dass der Begriff der Ursache ein **relativer** sei, d. h. verschieden je nach dem Zwecke der Untersuchung, ein anderer im rechtlichen, als z. B. im physischen oder moralischen Sinne." Und ferner v. Bar, die Lehre vom Causalzusammenhange § 2.

[1] Vgl. Luden, Abhandlungen aus dem Strafrecht, 1840. II. S. 262.

ist notwendig das Dritte, welches vorhanden sein muss, wenn eine Handlung. ein Verbrechen, ausgeführt werden soll.

Unter dem Mittel verstehen wir nun zwar auch ein Objekt, aber ein solches, das schon auf der Seite des Subjektes steht, den Zwecken des Subjektes gemäss eingerichtet ist und vom Subjekte gegen ein anderes Objekt angewendet werden soll.

Am markiertesten tritt der Begriff des Mittels in den Werkzeugen hervor. Der subjektive Zweck ist in ihnen bereits vorgebildet. Das Mittel ist nur Werkzeug durch den ihm zu Grunde liegenden Zweck. —

Der Wille ist ein Übersinnliches. Soll er sich in der Sinnenwelt verwirklichen, so muss zwischen dem Übersinnlichen und dem Sinnlichen schon eine Brücke existieren; es muss dem übersinnlichen Willen ein ursprüngliches sinnliches Werkzeug mitgegeben sein. Dies ist der menschliche Leib. Er ist eine Gesammtheit von Werkzeugen, die grossenteils unter der Herrschaft des Willens stehen. Vorzugsweise ist es die Hand, welche dem Willen von der Natur zum Handeln mitgegeben ist.

Hat der Mensch von seinem Leibe, als dem ersten uns angeborenen Organe des Willens, Besitz genommen und ihn unter seine geistige Herrschaft gebracht: so geht er dazu fort, sich Werkzeuge zu schaffen, die ausserhalb seiner sind. Er dringt in die Aussenwelt vor, unterwirft sich die Objekte, legt in dieselben seine Zweckgedanken und macht sie dadurch zu Organen seines Willens."

So kann der Mensch sich nicht nur leblose Gegenstände, sondern sich auch Menschen und Tiere zu Mitteln seiner Zwecke wählen. Soll der Wille That werden, so muss das Subjekt durch ein geeignetes Mittel auf das zum Angriff gewählte Objekt einwirken.

"Das Subjekt legt seinen Willen in das Mittel. Es giebt dadurch dem an sich toten Mittel, das aber schon zur Aufnahme des Willens gleichsam wohnlich eingerichtet ist, eine

lebendige Seele, welche jetzt in den durch den Zweckbegriff
vorgebildeten Formen des Mittels Platz nimmt. Nun es vom Willen ergriffen und beseelt worden ist,
regt sich das Mittel. Es setzt sich gegen das Objekt in
Bewegung." [1])

Das Mittel im kriminalistischen Sinne, begrifflich richtig
gefasst, ist also das Bindeglied zwischen dem handelnden
Subjekt und dem angegriffenen Objekt. Einerseits bestimmt
es deutlich die schuldhafte Kraft, welche es bewegt und dadurch den sonst allgemeinen Kausalnexus der Dinge durch-
bricht, andererseits weist es, in Aktion gesetzt, durch die
ihm von jener Kraft gegebene Richtung ebenso deutlich nicht
nur auf das angegriffene Objekt, sondern auch auf den am
Objekte sichtbar werdenden Erfolg.

Aufgrund dieser Betrachtung lässt sich auch der kriminalistische Ursachbegriff oder, was dasselbe ist, der Urheber
einer nach positivem Rechte strafbaren That (eines Verbrechens) bestimmen.

Urheber eines Verbrechens ist das Subjekt, welches
durch sein schuldhaftes Verhalten (dolose oder kulpose
Handlung oder Unterlassung) eine derartige Beziehung
von Mittel und Objekt herbeigeführt hat, dass der
eingetretene verbrecherische Erfolg nach den Gesetzen der Erfahrung entstehen musste.

Bei dieser Formulierung des Ursachbegriffs sind alle den
verbrecherischen Erfolg nur indirekt bedingenden Ursachen
ausgeschlossen und deshalb erscheint auch hier der sonst
gegen die versuchten Ursachdefinitionen übliche Einwand zu
grosser Allgemeinheit hinfällig. Der Erfinder des Schiess-
pulvers, der im Auftrage eines Dritten eine tödtliche Medizin
verfertigende Apotheker ist nicht die im kriminalistischen
Sinne erhebliche Ursache der Tötung, welche schliesslich
durch irgend einen Schützen oder Giftmörder herbeigeführt
wird. Beide — der Schiesspulvererfinder und der Apotheker —

---

[1]) Berner, Lehrbuch S. 158.

haben nicht durch ihr Verhalten Mittel und Objekt in eine solche Verbindung gebracht, dass der Tod erfolgen musste.

Die Art und Weise, wie der Urheber das Mittel zu dem Objekte in eine Beziehung bringt, dass der strafbare Erfolg eintritt, kann eine sehr vielgestaltige sein. So kann der Urheber das Mittel direkt gegen das Objekt führen. Er kann aber auch durch sein schuldhaftes Verhalten bewirken, dass ein Dritter das Mittel gegen das Objekt führt, oder dass das Objekt sich selbst zu dem gefährlichen Mittel in Beziehung setzt, sei es infolge einer direkten Aufforderung des Urhebers, oder infolge seines Stillschweigens, wo zu reden seine Pflicht war. Urheber ist in den beiden letzten Fällen nicht der ahnungslose Dritte, oder das Objekt, das harmlos zwischen sich und dem Mittel die Beziehung herstellt, sondern die sie zur Erreichung des verbrecherischen Erfolges gleich toten Werkzeugen in Bewegung setzende Kraft. Denn nur derjenige, der durch sein schuldhaftes Verhalten die Beziehung zwischen Mittel und Objekt hervorruft, ist der in kriminalrechtlicher Hinsicht erhebliche Urheber des Erfolges, welcher aus jener Beziehung resultirt.

Wer nun in einem bestimmten Falle durch sein schuldhaftes Verhalten eine derartige Verbindung von Mittel und Objekt herbeigeführt, oder welches nachträgliche Ereignis den Eintritt des schlimmen Erfolges nur befördert hat, und mithin als sogenannte Zwischenursache, die den Kausalzusammenhang nicht aufhebt, anzusehen ist, oder welches Ereignis, den Kausalzusammenhang unterbrechend, selbst als Ursache zu betrachten, lässt sich freilich nicht durch eine allgemeine Formel vorhersagen: diese Fragen vermag nur die Empirie zu lösen. Ob z. B. derjenige als der Urheber des Todes eines Menschen zu betrachten sei, welcher demselben kurz vor seinem Tode einen Schlag auf den Kopf versetzte, oder ob die Ursache des Todes unabhängig von diesem Schlage in dem plötzlichen Eintritte eines Schlagflusses zu suchen sei, ist lediglich eine Beweisfrage, welche der Sachverständige zu lösen hat. [1]) Bisweilen können derartige Feststellungen äusserst schwierig werden, besonders wenn äussere Umstände, wie schlechte ärztliche Behandlung,[2]) verkehrtes Verhalten des Verletzten selbst, zu einer erfahrungsmässig einen gewissen schädlichen Erfolg bewirkenden Ursache hinzutreten. Hier können derartige Umstände von solchem Einflusse sein, dass sie die Einwirkung der Verletzung überwiegen und selbst als Ursache des Erfolges angesehen werden müssen. Die Richtigkeit der oben aufgestellten Definition des Kausalzusammenhanges, resp. des Urhebers im kriminalistischen Sinne, wird durch solche Schwierigkeiten der Beweisfrage durchaus nicht erschüttert.

§ 36.

In der Praxis wird ein Kausalzusammenhang zwischen rechtsverletzendem Erfolg und culpa häufig schon alsdann angenommen, wenn die Folge thatsächlich eingetreten ist. Dabei wird es für gleichgiltig erklärt, ob sie eintreten musste oder ob sie vom Verletzten hätte abgewendet werden können. So kommen nach Lucas (a. a. O. S. 111) auch sogenannte Zwischenursachen in der Kausalitätskette nicht in Betracht, sofern sie nur nicht die Bedeutung neuer, den Kausalzusammenhang selbständig bestimmender Ursachen erlangen. Wer einem Anderen fahrlässigerweise eine Kopfverletzung zugefügt habe, hafte also für den eingetretenen tödlichen Erfolg, wenn dieser auch

---

[1]) Vgl. Meyer's Lehrbuch § 35 am Schluss. — „Ob eine fahrlässige Handlung und ein eingetretener Erfolg in ursächlichem Zusammenhange steht, ist Sache der thatsächlichen Feststellung." Urteil des Oberlandesgerichts zu Dresden vom 15. Juni 1877 in v. Schwarze's Gerichtszeitung für das Königr. Sachsen. Vgl. auch Oppenhoff, Rechtsprechung XV. S. 703; XVI. 110; XVIII. S. 370.

[2]) So wird die Verantwortlichkeit des Urhebers einer fahrlässigen Körperverletzung für den eingetretenen Tod des Verletzten alsdann für ausgeschlossen erachtet werden müssen, sowohl wenn der Tod infolge eines Kunstfehlers des behandelnden Arztes eingetreten ist, als auch wenn die Abwendung des tödlichen Ausganges leicht zu ermöglichen war.

infolge einer zur Verwundung hinzugetretenen Kopfrose veranlasst worden sei. Als die zu verantwortende ursächliche Handlung sei die letzte anzusehen, welche die Kausalitätskette unmittelbar in Bewegung gesetzt habe.[1]

Allein ohne Weiteres wird derjenige, der einem Andern fahrlässigerweise eine Kopfverletzung zugefügt hat, für den eingetretenen tödlichen Erfolg nicht haften, wenn dieser durch eine zur Verwundung hinzugetretene Kopfrose veranlasst worden ist. Würde der ursprünglich leicht Verletzte durch sein unverständiges Verhalten, z. B. durch Entblössung der Wunde in kalter Luft, durch übermässigen Genuss spirituöser Getränke, vielleicht trotz Abmahnung des behandelnden Arztes, sich eine Kopfrose zugezogen haben, so würde die Kausalitätskette durch dieses Verhalten des Verletzten unterbrochen und dieses als die Ursache des Todes anzusehen sein. Den Thäter träfe die Verantwortung für diesen Erfolg nicht.

Zuzugeben ist allerdings, dass auch die mittelbaren Folgen der culpa vom Thäter vertreten werden müssen, freilich nur insoweit, als solche unter Anwendung gehöriger Aufmerksamkeit vom Thäter noch hätten vorhergesehen werden können. Dagegen ist die Zurechnung der eingetretenen Folgen unzulässig, weil der Gerechtigkeit widersprechend, wenn diese Folgen ausserhalb der menschlichen Berechnung lagen, vielmehr durch reinen Zufall oder durch das nachträgliche unverständige Verhalten des Verletzten verursacht worden sind.

So unbestreitbar diese Sätze sind — denn die Lehre vom Kausalzusammenhange hat ja für das Gebiet der Fahrlässigkeit nichts Besonderes, sie folgt den allgemeinen Regeln — so wird doch in der Praxis häufig genug die culpa nur nach dem eingetretenen Erfolge und irgend einer hier mit hineinspielenden Fahrlässigkeit bemessen.

---

[1] Vgl. auch Schaper in v. Holtzendorff's Handb. II. S. 184. und Meyer, Lehrb. § 35. S. 181.

Auch das Reichsgericht hat, obwohl es die hier vorgetragene Ansicht zu teilen scheint,[1]) ihr indess in der Beurteilung konkreter Fälle nicht immer gehörig Rechnung
getragen, wenigstens hat es in einer Reihe von Urteilen
trotz der Unerkennbarkeit oder Unerweisbarkeit gewisser
Zwischenglieder, welche die Kausalitätsreihe notwendig erfordert, eine geschlossene Einheit der sich kausal bedingenden Ereignisse angenommen.
Der Begründung des Urteils vom 29. März 1882 (III.
Strafsenat, VI. S. 146) kann man allenfalls beitreten. Der
Angeklagte hatte eine brennende Laterne in einer Scheunen-
tenne auf den Bock einer Dreschmaschine hingestellt. Von
diesem Standorte war sie infolge irgend einer Erschütterung,
die sich nicht genau feststellen liess, herabgefallen und das
ausfliessende brennende Petroleum hatte die auf dem Boden
liegenden Garben entzündet, welche den Brand dann der
Scheune selbst mitteilten. Entgegen der Annahme des ersten
Richters, welcher den Angeklagten von der Anschuldigung
fahrlässiger Brandstiftung freisprach, weil der Brand nicht
lediglich durch das Hinstellen der brennenden Laterne
auf den Bock der Dreschmaschine, sondern durch das Zusammenwirken dieser Handlung und eines weiteren zu derselben hinzutretenden Ereignisses herbeigeführt worden sei,
es sich aber nicht feststellen lasse, welches konkrete Ereignis das Herabfallen der Laterne bewirkt habe, und dass der
Angeklagte gerade den Eintritt dieses konkret wirksam ge-
wordenen Ereignisses habe vorhersehen können, hat das
Reichsgericht angenommen: „dass es im vorliegenden Falle
auf die Feststellung der fraglichen, hier wirksamen Be-

---

[1]) Vgl. das Urteil vom 12. April 1880 (I. Strafsenat, I. S. 374) und
vom 28. September 1881 (III. Strafsenat, V. S. 31) „... Nach richtigen
strafrechtlichen Grundsätzen kann vielmehr nur verlangt werden, dass die
Handlung des Thäters sich unter denjenigen Faktoren befunden habe, auf
welche der Erfolg als Ursache zurückzuführen ist, dass nicht die Wirksamkeit des Thuns durch eine fremde Kausalität unterbrochen worden ist."
Vgl. auch das Urteil des Reichsgerichts vom 18. Dezbr. 1882 (VII. S. 332.)

wegungskraft, durch welche das Herabfallen der Laterne bewirkt worden, weiter nicht ankomme, dass vielmehr der Angeklagte nach menschlicher Erfahrung und dem gewöhnlichen Lauf der Dinge das leichte Herabfallen der Laterne von ihrem unsicheren Standpunkte infolge irgend einer Erschütterung und die dadurch unmittelbar bedingte Feuersgefahr voraussehen musste etc. etc." Hier erscheint also der Angeklagte als Urheber des Brandes, weil er durch das fahrlässige Hinstellen der brennenden Lampe das Ausfliessen des brennenden Petroleums in die Scheune herbeigeführt hat. einen Erfolg, den er nach Lage der Sache als ein vorsichtiger Mensch aus seiner Erfahrung vorhersehen musste.

Dagegen dürfte sich die Entscheidung des Reichsgerichts vom 2. Mai 1882 (II. Strafsenat. VI. S. 249) nicht aufrecht halten lassen. Ein Knecht wird des Nachts von einem, dem Angeklagten gehörigen, bösartigen Kettenhunde, den der Angeklagte nachts frei umherlaufen liess, auf der Dorfstrasse gebissen und ist 9 Tage darauf gestorben. Es wurde festgestellt, dass der Verletzte in den nächsten Tagen nach der Verletzung sich anstrengender körperlicher Arbeit unterzogen habe, welche eine Reizung und Verunreinigung der Bisswunde und demzufolge eine Entzündung mit tödlichem Ausgange herbeigeführt habe. Nach der in dem Urteil des Reichsgerichts ausgesprochenen Auffassung erfordert der § 222 des R.-St.-G.-B.'s nicht: „dass der Tod lediglich durch die Fahrlässigkeit des Thäters verursacht sei; insbesondere schliesst eine konkurrierende Fahrlässigkeit des Getöteten den Kausalnexus nicht aus. Mit Recht habe daher die Strafkammer für die Frage des ursächlichen Zusammenhanges eine Bedeutung dem vorerwähnten gesundheitsschädlichen Verhalten des Verletzten nicht beigemessen; sofern der Tod ohne den vorangegangenen Hundebiss nicht eingetreten wäre, sei ein Kausalnexus zwischen dem Bisse und dem Tode gegeben."

Auf Grund der vorgetragenen Thatsachen dürfte indess dem Angeklagten nur die durch den Biss hervorgerufene Körperverletzung, nicht der tödliche Erfolg zugerechnet werden. Nur die Körperverletzung, nicht den Tod hat der Angeklagte durch seine culpa verschuldet.

Nicht minder bedenklich ist die Entscheidung des Reichsgerichts vom 3. Dezember 1881 (III. Strafsenat V. S. 202). Jemand hat ein Haus fahrlässigerweise in Brand gesetzt, und es läuft jemand, um Sachen zu retten, in dieses Haus und verbrennt. Hier kann der eingetretene Tod des Wagehalsigen doch nicht, wie das Reichsgericht annimmt, dem fahrlässigen Brandstifter zugerechnet werden.[1]) Den tödlichen Erfolg hat sich der Verbrannte selbst zuzuschreiben.

In beiden Fällen haben die Verletzten durch ihr eigenes schuldhaftes Verhalten eine derartige Beziehung zwischen dem Mittel (im ersten Falle übermässige Anstrengung und Verunreinigungsstoffe im zweiten das Feuer) und sich selbst herbeigeführt, dass nach den Gesetzen der Erfahrung der Tod eintreten musste. Die Entscheidungen des Reichsgerichts stehen unter dem Einflusse des selbst für das Civilrecht bedenklichen Satzes: nam et qui occasionem praestat damnum fecisse videtur, l. 30. § 3. ad leg. Aquil.

Aus dem Satze in dem Urteil des Reichsgerichts vom 2. Mai 1882: „Sofern der Tod ohne den vorausgegangenen Hundebiss nicht eingetreten wäre, ist ein Kausalnexus zwischen dem Bisse und dem Tode gegeben —" würde die Verantwortlichkeit des Schiesspulvererfinders für alle kulposen Tötungen durch Schiesspulver folgen. Zwar geht aus den Gründen des erwähnten Urteils hervor, dass der höchste Gerichtshof auch die Voraussehbarkeit des schlimmen Erfolges seitens des Thäters für erforderlich erachtet, allein wie dies im konkreten Falle bezüglich des Angeklagten angenommen werden konnte, weil er sich sagen musste, dass ein bösartiger Hund, wie der in Rede stehende, einen Menschen

---

[1]) D. A. ist v. Bar, Lehre vom Causalzusammenhange S. 17 und Birkmeyer: Über Ursachenbegriff und Kausalzusammenhang. (Gerichtssaal Bd. 37. S. 266 ff. Vgl. auch die Urteile des Preussischen Obertribunals vom 21. Febr. 1868 und 1. Dezbr. 1869 bei Oppenhoff, Rechtsprechung, IX. S. 149 X. S. 758.

Bruck, Fahrlässigkeit.   7

beissen und der Biss den Tod herbeiführen könne, ist unerfindlich, wenn die andere Thatsache als festgestellt angenommen wird, wonach der Tod des Gebissenen nicht die Folge des Bisses, sondern die Folge des nachträglichen unverständigen Verhaltens des Gebissenen gewesen ist. Danach würde die Strafbarkeit der culpa schon durch ihre Existenz begründet, wenn hinterher aus irgend welchen Ursachen ein schlimmer Erfolg entstanden ist. Für diese eigenthümliche Auffassung fehlt es aber in der positiven Gesetzgebung an jedem Anhalt.

VII. Zusammentreffen von dolus und culpa.

§ 37.

Ein Zusammentreffen von dolus und culpa ist sowohl in der Weise denkbar, dass eine und dieselbe dolose Handlung in Folge konkurrierender schuldhafter culpa einen über die Absicht des Thäters hinausgehenden, schwereren Erfolg verursachen kann, als auch in der Weise, dass mehrere auf einanderfolgende selbständige Handlungen des Thäters vorliegen können, von denen die eine, und zwar die kulpose, den schwereren Erfolg herbeiführt, während die andere, und zwar die dolose, Handlung des Thäters erfolglos geblieben ist. In allen diesen Fällen suchte die ältere Schule den durch culpa verursachten Erfolg auf den ursprünglichen dolus des Thäters zurückzuführen [1]). Dahin gehören die Fälle der aberratio ictus, des error in objecto, des dolus generalis (indirectus). Eine eingehendere Darstellung dieser Lehre gehört in eine Abhandlung über den dolus. Uebrigens sind gerade diese Fälle bereits in so umfangreicher Weise vielfach schriftstellerisch behandelt worden, dass sich über dieselben schwerlich etwas Neues wird sagen lassen. [2])

---

[1]) Vgl. Köstlin, System I. § 76.
[2]) Vgl. die weiter unten angeführte Literatur.

In dieser speciell der culpa gewidmeten Abhandlung kommen diese Fälle nur insoweit in Betracht, als in ihnen noch ein Rest von culpa übrig bleibt.

1. Eine schuldhafte culpa kann übrig bleiben im Falle einer sogenannten aberratio ictus, wenn der Thäter nach seiner Kapazität die Möglichkeit der Verletzung, welche gegen seine Absicht eintrat, hätte voraussehen können. Die Ansicht, dass bei vorhandener Gleichwertigkeit des thatsächlich verletzten Objektes mit dem andern Objekte, gegen welches die vorsätzliche Handlung gerichtet war, auch dann eine dolose Verletzung des thatsächlich verletzten Objektes anzunehmen sei,[1]) beruht auf Willkür. Denn die Annahme eines verbrecherischen Vorsatzes setzt die Richtung auf ein bestimmtes Objekt voraus. Die blosse Thatsache, dass das wirklich getroffene Objekt und das Objekt, welches hatte getroffen werden sollen, den gleichen Rechtsschutz geniessen, kann nicht zur Folge haben, dass das getroffene Objekt von dem Willen des Thäters umfasst gewesen sei, obwohl er es nicht hatte treffen wollen.[2]) Es liegt vielmehr hier eine ideale Konkurrenz vor, nämlich ein versuchtes doloses Delikt und ein vollendetes kulposes Delikt.[3])

---

[1]) D. A. ist Wächter, Lehrbuch II. S.128; Köstlin, System, S. 198ff.; Walther, die Beurteilung der Aberrationsfälle in neuerer Zeit, Münchener kritische Vierteljahrsschrift, IV. S. 523 ff. und VI. S. 227 ff.; Ortmann, Über den Einfluss des Rechtsirrtums im Strafrecht, Gerichtssaal, XXIX. S. 266** und in gewisser Beziehung auch v. Liszt, Lehrbuch, § 40. S. 163, insofern er nur den Irrtum in Bezug auf einen wesentlichen Punkt den Vorsatz ausschliessen lässt. Diese Ansicht findet sich auch in einigen Strafgesetzbüchern: Hessen-Darmstadt (1841) Art. 62, Baden (1845) § 100, Oesterreich (1852) § 134.

[2]) Vgl. das Urteil des Reichsgerichts vom 14. Febr. 1881 (I. Strafsenat, III. S. 384.)

[3]) Diese Ansicht kann als die in Theorie und Praxis herrschende bezeichnet werden. Vgl. Zachariae, Versuch, I. S. 272; Geyer, Erörterungen, S. 39 flg.; Geib, Über den Einfluss des Irrtums in Bezug auf das Objekt im Strafrecht, im neuen Archiv (1838) S. 40 ff.; Temme, Lehrbuch, S. 195 ff.; Gessler, zur Lehre von den Aberrationsfällen, Gerichts-

7*

2. Bei einem error in objecto ist culpa gleichfalls bezüglich der eingetretenen Verletzung denkbar, wenn nämlich der Handelnde imstande war, bei gehöriger Aufmerksamkeit den Irrtum zu vermeiden. Ein Schütze erschiesst in der Dunkelheit einen Menschen, den er für ein Stück Wild hält. Dagegen liegt hier dolus vor, wenn der Thäter im Augenblicke der Begehung der That das verletzte Objekt als ein vom Gesetze geschütztes Objekt erkannt hat, wenn z. B. A den B erschiessen will, aber den C erschiesst, welchen er irrtümlich für B hielt. Für die Beurteilung der Schuld des Thäters ist es gleichgültig, ob gerade das Individuum durch sein Verhalten verletzt wird, welches er zu verletzen beabsichtigte, oder ein anderes, welches er im Augenblicke der Begehung als ein in rechtlicher Beziehung gleichwertiges erkannt hat. Die Norm lautet nicht: Du sollst nicht den A töten, sondern: Du sollst überhaupt keinen Menschen töten.[1]

3. Ein sogenannter dolus generalis wird in dem Falle angenommen, in welchem der durch eine dolos vorgenommene Handlung vermeintlich erreichte Erfolg erst durch eine andere Handlung erreicht wird, welche des Dolus ermangelt. Der Fall bietet in thesi keine Schwierigkeit dar, wenn man die an sich selbständigen Handlungen auch getrennt auf die Art

---

saal, Bd. XV. S. 176 ff.; Hälschner, System, I. S. 163; Berner, Lehrbuch, § 91. S. 160 und Grundsätze des Preussischen Strafrechts, S. 74 ff.; Schütze, S. 161 ff.; v. Bar, Causalzusammenhang. § 9; Meyer, Lehrb. § 31. S. 167; v. Schwarze in v. Holtzendorff's Handbuch. II. S 317; Oppenhoff, Comm. N. 3 zu § 59; Olshausen, Comm. zu § 59 N. 10 und das Urteil des Reichsgerichts vom 28. Septbr. 1880 (II. S. 335) Oesterr. Str.-G.-B. §§ 140. 152.

[1] Diese Ansicht ist die herrschende, vgl. Zachariae. a. a. O., S. 272 ff.; Köstlin, Neue Revision, S. 279; Haelschner, der Kriminalprozess gegen Rose und Rosal. 433 ff.; Gessler, Gerichtssaal, XV. S. 176 ff.; Pfotenhauer, Gerichtssaal (1861) S. 271 ff.; Meyer, Lehrb. § 32. S. 166 und Olshausen, Comm. zu § 59. N. 10; dagegen Böhlau, der Kriminalprozess Rose und Rosal, Weimar (1859); von Buri, Kausalität, (1873) S. 83 und in gewisser Hinsicht auch von Liszt, Lehrbuch, § 40. S. 163. Vgl. auch die vorhergehende Note.

der ihnen zugrunde liegenden Verschuldung prüft. Bekannt ist das zur Verdeutlichung dieses Falles öfters herangezogene Schulbeispiel: A schiesst auf B, um ihn zu töten; B bricht zusammen, ist aber nicht tot. A, der den B getötet zu haben glaubt, wirft den vermeintlichen Leichnam animo occultandi ins Wasser. Dort ertrinkt B. Hier liegen zwei selbständige Handlungen, versuchter Mord und vielleicht fahrlässige Tötung vor, letztere nämlich dann, wenn der Irrtum bezüglich der Todesannahme ein unentschuldbarer war. Nur dadurch, dass man in unnatürlicher Weise die beiden selbständigen Handlungen als eine einzige betrachtete und ihnen einen gemeinsamen Vorsatz zu töten, einen sogenannten dolus generalis, zu Grunde legte,[1] hat man dem an sich keine Schwierigkeiten darbietenden Falle eine Bedeutung beigelegt, die ihm nicht zukommt.[2] Dagegen lässt sich die praktische Unerheblichkeit der Frage nicht dadurch begründen, dass die seltenen Fälle dieser Art in der Regel dadurch

---

[1] So Weber, Archiv (1824) S. 578; Köstlin, System, § 75. S. 202 und Revision, S. 264; Pfotenhauer, Einfluss des Irrthums etc. S. 115; Derselbe im Gerichtssaal (1861) S. 259 flg.; Haeberlin, Goltdammer's Archiv, XI. S. 541; Schwarze in Goltdammer's Archiv, X. S. 217 ff., 326 ff., XII. S. 325 ff.

[2] Diese Ansicht ist jetzt als die herrschende anzusehen, vgl. Zachariae, Versuch, I. S. 281 flg; Berner, Imputationslehre, S. 208 flg.; Haelschner, System, I. S. 158; Herrmann, Über Absicht und Vorsatz überhaupt und über unbestimmte und indirekte Absicht insbesondere. Archiv des Kriminalrechts, Neue Folge (1856) S. 449 flg.: Gessler, Über Begriff und Arten des Dolus, S. 226 ff.; Geib. Lehrb., I. S. 269; Geyer, Erörterungen über den allgemeinen Thatbestand, S. 12 und in von Holtzendorff's Rechtslexikon; Schaper in von Holtzendorff's Handbuch, II. S. 207; Ortmann, im Gerichtssaal, Jg. 1877. S. 262 und ganz besonders Binding, Normen II. § 61.

Nicht minder verfehlt ist die Ansicht derer, welche in dem im Texte erwähnten Falle zwar den dolus generalis verwerfen, wohl aber einen vollendeten Mord annehmen, weil die auf Tötung gerichtete Absicht durch den Erfolg erfüllt sei. Vgl. z. B. Stübel, über die Theilnahme mehrerer Personen an einem Verbrechen (1828) S. 47 flg.; Krug, in Goltdammers Arch., X. S. 714; v. Buri, wenigstens noch in Goltdammers Arch. (1863) S. 754 flg.; Causalität, S. 76 flg. und v. Bar, Causalzusammenhang, S. 66 flg. u. 70 (Letzterer jedoch mit Einschränkungen).

werden erledigt werden, „dass auch die Vorsätzlichkeit der kausalgewordenen Handlung angenommen wird:“[1]) eine solche Annahme kann doch nur da für zulässig erklärt werden, wo sie sachlich begründet ist, nicht aber aus Bequemlichkeit auch in solchen Fällen, in welchen, wie z. B. in dem angegebenen Falle, thatsächlich höchstens culpa vorliegt.[2])

4. In gleicher Weise muss der Fall der sogenannten culpa dolo determinata behandelt werden. Eine besondere Art der culpa lässt sich hier nicht erkennen. Hat jemand eine Handlung unternommen mit der Vorstellung, es werde ein bestimmter rechtswidriger Erfolg eintreten, z. B. Gift aufgestellt mit der Vorstellung, A werde an dem Genusse desselben sterben, dieselbe Handlung hat aber einen andern rechtswidrigen Erfolg gehabt, z. B. den Tod des B, da dieser von dem für A aufgestellten Gift genossen hat, so liegt bezüglich des vorgestellten Erfolges strafbarer Vorsatz, also in unserem Falle bezüglich des A versuchte Tötung, bezüglich des eingetretenen Erfolges vielleicht Fahrlässigkeit, vielleicht auch blosser casus vor. Eine strafbare Fahrlässigkeit würde angenommen werden können, wenn der Thäter bei gehöriger Aufmerksamkeit die Vorstellung von dem eingetretenen Erfolge hätte haben können, in unserem Falle z. B. hätte wissen müssen, dass auch andere Personen ausser A zu dem Gifte hätten gelangen können. Es handelt sich demnach hier nicht um ein Verbrechen, bei welchem gleichzeitig Vorsatz und Unbedachtsamkeit konkurrieren,[3])

---

[1]) So Lucas, Verschuldung. S. 18.

[2]) Ganz dasselbe gilt hinsichtlich der Bemerkung von Lucas, a. a. O. S. 18, dass in den allermeisten Fällen auch bei der zweiten Handlung ein eventueller Dolus vorliegen wird. Hier handelt es sich aber um diejenigen Fälle, wo kein eventueller dolus, sondern culpa vorliegt.

[3]) Diese Ansicht stellte bekanntlich Netteblatt und Glänzer (Dissert. de homicidio et intentione indirecta commisso. Halae (1756) p. 7—9. 11 sqq.) auf. Sie sprachen in diesem Falle von einem Dolus indirectus. Feuerbach erfand dafür den terminus culpa dolo determinata. Vgl. die Dogmengeschichte bei Hälschner, Syst. I. zu § 34 die Anmerkungen. Vgl. auch den folgenden § über die Ansicht v. Schwarze's.

sondern um zwei Verbrechen, von denen das eine ein doloses, das andere ein kulposes sein kann.[1]

§ 38.

Jede andere Auffassung als die angegebene müsste zu einer Verletzung des Cardinalsatzes des modernen Strafrechts führen, dass nämlich der Erfolg einer Handlung dem Thäter nur insoweit als ein doloser zugerechnet werden könne, als dessen Vorsatz, resp. dessen Vorstellung gereicht hat. In den im vorhergehenden Paragraphen sub 1—4 angegebenen Fällen wird aber überall vorausgesetzt, dass der Thäter sich des eingetretenen Erfolges nicht bewusst war. Die der unsrigen entgegenstehende Auffassung charakterisiert sich als eine Reminiscenz der den italienischen Kriminalisten des 16. und 17. Jahrhunderts angehörigen Anschauung, dass, wer in facto illicito versiere, sich stets auch in dolo befinden müsse hinsichtlich aller Folgen seines Thun. So sagt z. B. von Schwarze:[2] „Die Zurechnung zur culpa wird bei der Konkurrenz mit dolus durch den Umstand erleichtert, dass der Handelnde in facto illicito sich befand." Nicht minder ist die Ansicht Schaper's (in von Holtzendorff's Handbuch, II. S. 206) verwerflich, nach welcher eine Abweichung von den Regeln über die Strafbarkeit der Fahrlässigkeit anzuerkennen sei, die darin liegen solle, dass es nicht darauf ankommt, ob der Thäter diejenigen Folgen, welche sich aus seiner Handlung wirklich entwickelt haben, voraussehen konnte oder nicht. In dieser Abweichung liegt eine Aufhebung des Wesens der Fahrlässigkeit. Anstelle gerechter Abwägung

---

[1] Diese Ansicht ist die herrschende. Vgl. Gessler, Begriff u. Arten des Dolus, S. 101 flg.; Hälschner, Lehrb. I. § 40; v. Bar, Causalzusammenhang, § 9; Meyer, Lehrb., § 30; v. Liszt, Lehrb., § 39. IV.; Lucas a. a. O. S. 18 flg. Bereits früher hatte sie schon in der Gesetzgebung Ausdruck gefunden. Württemberg art. 60; Braunschweig § 28; Hannover art. 44; Hessen-Darmstadt art. 61; Baden § 103; Thüringen art. 30; Sachsen art. 49.

[2] in Goltdammer's Arch., X. S. 334.

der Schuldart tritt die unhaltbare Fiktion eines auf den Erfolg gerichteten dolus indirectus.[1])

§ 39.

Im R.-St.-G.-B. sind die zuletzt erörterten Fragen gerade in denjenigen Fällen, in denen sie am meisten praktisch werden, nämlich bei der Körperverletzung und bei einer Anzahl anderer Fälle in der Richtung der falschen Anschauung entschieden worden. Danach soll auch der kulpose Erfolg einer dolos vorgenommenen Körperverletzung etc. ohne Weiteres zum dolus des Thäters zugerechnet werden, selbst wenn dieser Erfolg nicht vorausgesehen werden konnte. Die Anwendung dieses Satzes zeigt sich im R.-St.-G.-B. insbesondere bei der schweren Körperverletzung, § 224, der vorsätzlichen Körperverletzung mit tödlichem Erfolge, § 226. 227, bei Notzucht mit tödlichem Erfolge, § 178, bei der Aussetzung mit dem Erfolge einer schweren Körperverletzung oder Tötung, § 221. Abs. 3, bei der Vergiftung mit dem Erfolge einer schweren Körperverletzung oder Tötung, § 229. Abs. 2, bei Freiheitsberaubung mit tödlichem Erfolge. § 232. Abs. 3, bei Raub mit dem Erfolge einer schweren Körperverletzung oder Tötung, § 251, bei Brandstiftung mit dem Erfolge der Tötung eines Menschen, § 307. N. 1, § 309 und bei verschiedenen gemeingefährlichen Verbrechen, als da sind: Herbeiführung einer Ueberschwemmung, § 312—314. Beschädigung von Eisenbahnen etc., § 315, Vergiftung von Brunnen etc., § 324, immer mit dem Erfolge der Tötung, resp. im Falle des § 315. Abs. 2 auch mit dem Erfolge der schweren Körperverletzung, — ferner Beschädigung der Schifffahrt mit dem Erfolge der Strandung eines Schiffes oder der Tötung eines Menschen, § 322. 323, Verletzung von Absperrungs- oder Aufsichtsmassregeln oder von Einfuhrverboten

---

[1]) Geyer, Gerichtssaal, XXVI. S. 297. 333 und Lucas, Verschuldung, S. 19. — Das Bayerische St.-G.-B. (1813) art. 65 (IV.) nahm in allen Fällen bei dem versari in re illicita grobe Fahrlässigkeit an.

mit dem Erfolge, dass Menschen oder Vieh von der Seuche ergriffen werden, § 327. 328, endlich die Beteiligung an einer Schlägerei mit tödlichem Ausgange, § 227.

Die neuerdings vom Reichsgericht versuchte prinzipielle Rechtfertigung der im § 224 enthaltenen Vorschrift beweist nur recht deutlich das Fortleben jener veralteten Lehre der italienischen Juristen in der Praxis.[1] In dem Urteile vom 28. Septbr. 1881, III. Strafsenat Entschd. Bd. V. S. 33, heisst es: „Es sei ein Verstoss gegen die allgemeinen Grundsätze des Strafrechts nicht darin zu erkennen, wenn das Gesetz mit Rücksicht auf die Eigentümlichkeit des Deliktes der Körperverletzung — welches erfahrungsmässig immer die Gefahr schwererer Erfolge, als beabsichtigt und vorausgesehen worden, mit sich führt — dahin gelangt ist, den Thäter bei der begriffsmässigen Feststellung desselben, für die Folgen seines vorsätzlichen Handelns, ohne Unterscheidung von Absicht, Fahrlässigkeit oder Zufall verantwortlich zu machen, wobei in Betracht kommt, dass von letzterem, da auch die schwereren nicht vorausgesehenen Erfolge auf eine schuldbare Thätigkeit zurückzuführen sind und durch Unterlassung derselben vermieden werden konnten, überhaupt nicht wohl die Rede sein kann."[2]

Zu welcher Ungerechtigkeit die Anwendung der vorerwähnten gesetzlichen Bestimmung führen kann, ergiebt fol-

---

[1] Bei aller Hochachtung vor der Genialität unseres Gesetzgebers wird man aber in der den vorerwähnten Bestimmungen zu Grunde liegenden Ausdehnung der Verantwortlichkeit von den dolosen Delikten auf die fahrlässigen nicht mit Binding (Normen, II. S. 113. N. 137) eine grosse philosophische Entdeckung, die die praktische Jurisprudenz sich zu Gute schreiben darf, erblicken können.

[2] Gegen die Richtigkeit des Urteils des höchsten Gerichtshofes auf Grund des § 224 des Strafgesetzbuches soll nichts eingewendet werden, wohl aber gegen die prinzipielle Rechtfertigung der gesetzlichen Bestimmung. — Vgl. Goltdammer's Materialien, II. S. 409 bezüglich der Entstehungsgeschichte der §§ 193 u. 194 des preussischen Strafgesetzbuches, welche auch für die §§ 224. 225 u. 226 des R.-St.-G.-B.'s von entscheidendem Einflusse geworden sind.

gendes einfache Beispiel. Jemand schlägt in einem Streite seinen Gegner vorsätzlich mit einem schwachen Stöckchen auf den Schädel, ohne die Absicht, den Gegner zu töten. Der Getroffene sinkt infolge des Schlages tot zu Boden. Nach dem Gutachten der Sachverständigen ist der Tod allerdings durch den Schlag verursacht, aber nur, weil die Beschaffenheit des Schädels des Getroffenen eine abnorme war. Nach rationellen Grundsätzen dürfte dem Thäter, da ihm die abnorme Beschaffenheit des Schädels seines Gegners nicht bekannt war, auch nicht der durch jene Thatsache bedingte Tod zur Schuld zugerechnet werden, wie dies nach § 226 des Strafgesetzbuchs geschehen muss.

Sehr häufig hängt das Mass und die Art eines Strafleidens von reinen Zufälligkeiten ab. „Wer einen Anderen mit einer Gerte schlägt, wird aus § 223 mit Gefängniss bis zu 3 Jahren bestraft. Trifft die Spitze der Gerte unglücklicherweise das Auge, und läuft dieses aus, so erhält der Thäter Zuchthaus bis zu 5 Jahren und selbst bei Annahme mildernder Umstände mindestens 1 Jahr Gefängnis. Stirbt der Getroffene, so trifft den Thäter Zuchthaus nicht unter 3 Jahren[1]).

§ 40.

Diese Anomalie der Zurechnungslehre, welche sich bei der Höhe und Schärfe der vom Gesetzgeber gewählten Strafen im Falle Vorliegens erschwerender Umstände in ihrer ganzen Schroffheit geltend macht[2]), lässt sich durch keine legislatorischen Gründe rechtfertigen. Einen Grund ihrer Unentbehrlichkeit findet Lucas (a. a. O.) in dem Mangel einer gesetzgeberischen Behandlung der Doluslehre, resp. in dem Mangel einer genauen Kenntnis und gleichmässigen Uebung der mit vielen Streitfragen verquickten Doluslehre

---

[1]) So Lucas, Verschuldung, S. 59. N. 1.

[2]) Wenn bei Gelegenheit eines vorsätzlich angestifteten Brandes sich zufällig ein Mensch in der in Brand gesetzten Räumlichkeit befindet und verbrennt oder im Qualm erstickt, so kann den Brandstifter lebenslängliche Zuchthausstrafe treffen.

aufseiten der Praktiker. Allein diese Mängel lassen sich
sehr wohl beseitigen. Die Aufnahme einer Definition des Dolus
im Gesetzbuch ist nicht nur zulässig, sondern sogar notwendig.
Darüber, ob es billigenswert ist, dass ein Gesetzbuch
solcher Definitionen und allgemeiner Grundsätze ermangele,
sind die Ansichten allerdings von jeher geteilt gewesen.
Der Aufnahme einer Definition des Dolus wird teils
wegen der Kompliciertheit und Feinheit dieses Begriffs, teils
wegen des Mangels einer von der Wissenschaft bereits hin-
reichend approbierten Definition widerraten. Die Anhänger
dieser Ansicht sind der Meinung, dass eine derartige Begriffs-
bestimmung der Wissenschaft und nicht der Gesetzgebung
angehöre, weil dieser niemals die Absicht zu Grunde liegen
könne, einen andern Begriff anzuerkennen, als denjenigen,
welcher von der Wissenschaft aufgestellt worden sei.[1]
Hiergegen lässt sich einwenden, dass, wenn diese Ansicht richtig wäre, sich alsdann alle Definitionen im Gesetzbuch, wie z. B. die des Mordes, Diebstahls, Betruges u. s. w.
erübrigten; denn auch hierüber hat die Wissenschaft Definitionen aufgestellt. Soll indess bei der Dolus-Definition wegen
der Schwierigkeit und Kompliciertheit dieses Begriffes und wegen
der unter den Gelehrten zur Zeit noch herrschenden Meinungs-
verschiedenheit über denselben eine Ausnahme statuiert werden,
so übersieht man, dass durch das Schweigen des Gesetzgebers bezw. durch den hierin liegenden Hinweis auf die
Wissenschaft die Schwierigkeit nicht beseitigt, sondern nur
die Gefahr einer falschen Entscheidung viel wahrscheinlicher
gemacht wird. Der Richter könnte sich auch alsdann der
Meinung eines Gelehrten anschliessen, mit welcher letzterer
in der Wissenschaft ganz vereinzelt dasteht, ja in den meisten
Fällen dürfte für den Praktiker hauptsächlich der Umstand entscheidend sein, welche wissenschaftlichen Hilfsmittel ihm im
Augenblicke der Entscheidung zu Gebote stehen, also lediglich
der Zufall. Dabei wird ferner übersehen, dass der Wissenschaft

---

[1] Vgl. Goltdammer, Materialien zum Preuss. St.-G.-B. I. S. 384;
Hälschner, deutsch. Strafrecht I. S. 308 und v. Schwarze, Comm. S. 17.

nicht die Kraft einer Rechtsquelle zukommen kann, da mit Anerkennung dieses Satzes der Willkür Thür und Thor geöffnet wäre. Es würde in demselben Staate in demselben Falle bald die Ansicht dieses, bald jenes Gelehrten die richterliche Entscheidung bestimmen. Bei einem solchen Zustande der Gesetzgebung kann leicht das Rechtsbewusstsein des Volkes, sein Glaube an die Autorität der Gerichte, deren die Rechtspflege so sehr bedarf, erschüttert werden.

Dass heut noch in Theorie und Praxis über den Begriff „Dolus" gestritten wird, mag zugegeben werden. Indess hieraus folgt gerade die Pflicht des Gesetzgebers, durch eine fixe Norm dem Schwanken ein Ende zu machen. Sache des Gesetzgebers ist es, Alles, was streitig ist und mit Wahrscheinlichkeit der Entscheidung des Richters unterstellt werden wird, durch eine allgemein verbindliche Norm festzustellen.[1]) Ebensowenig gerechtfertigt wäre die Furcht, dass der Wissenschaft durch ein solches gesetzgeberisches Vorgehen ein Zwang auferlegt würde, stehen zu bleiben. Die Wissenschaft könnte nach wie vor weiterstreben und ihrer Aufgabe gemäss den vorhandenen Rechtsstoff prüfen und weiter bilden. Wenn sich alsdann nach Verlauf längerer Zeit wieder ein Haltepunkt in der wissenschaftlichen Entwickelung zeigen sollte, kann die Gesetzgebung wieder das Ergebnis der Wissenschaft legalisieren. Ein Schade dürfte aus diesem Verfahren weder der Theorie, noch der Praxis erwachsen. Im übrigen ist nicht zuzugeben, dass die Frage nach den Kriterien des Dolus zu den unlösbaren gehört; sie muss nur der künstlich geschaffenen Schwierigkeiten entkleidet werden, mit welchen sie nicht selten die Wissenschaft selbst umgeben hat.

Hat aber der Gesetzgeber bindende Bestimmungen gegeben, so ist die Kenntnis derselben durch den Richter unabweisliches Erfordernis.

---

[1]) Es sei hier nur an die wichtige Frage erinnert, ob zum Dolus das Bewusstsein der Rechtswidrigkeit gehöre und an die Abhängigkeit des Culpabegriffs von der Beantwortung dieser Frage.

Ein anderer Grund wird in der Besorgnis des Gesetzgebers gefunden, dass die Annahme eines eventuellen oder unbestimmten Dolus häufig auf Schwierigkeiten des Beweises stossen würde.[1]) resp. dass es eine grosse Erleichterung für den Richter sei, neben der Verschuldung in Beziehung auf die Verletzung selbst nicht auch noch nach der Fahrlässigkeit in Beziehung auf die Folgen derselben forschen zu müssen.[2]) Auch diese kriminalpolitischen Gründe vermögen einen in sich ungerechten Satz nicht zu rechtfertigen. Der Nachteil, dass bisweilen eine vielleicht in eventum vom Thäter beschlossene schlimme Folge seiner vorsätzlichen Handlung ihm Mangels Beweises zur Schuld nicht wird zugerechnet werden können, ist lange nicht so gross, als eine, wenn auch verhältnismässig erheblich geringere Anzahl ungerechter Zurechnungen kulposer oder rein zufälliger Erfolge. Derartige Verstösse gegen den Kardinalsatz der Verschuldungslehre werden auch dadurch nicht erträglich, so bald man, wie Meyer (a. a. O.) meint. das Minimum der betreffenden Strafe niedrig genug ansetzt. dass auch die zufällige Herbeiführung des schlimmeren Erfolges mit entsprechender Strafe getroffen werden kann. Für die zufälligen Erfolge kennt ein rationelles Strafrecht keine gebührende Strafe.

VIII. Giebt es einen fahrlässigen Versuch und eine fahrlässige Teilnahme?

§ 41.

Nur sehr vereinzelte Stimmen behaupteten die Möglichkeit eines kulposen Versuchs, so Hepp[3]) und Breiden-

---

[1]) Lucas, a. a. O. S. 59.

[2]) Meyer, Gerechtigkeit im Strafrecht, Gerichtssaal (1881) S. 120.

[3]) Versuche über einzelne Lehren der Strafrechtswissenschaft (1827) S. 259 flg.

bach.[1]) Insbesondere deduziert Hepp. der Versuch bestehe in
dem Anfange des Verbrechens. oder negativ ausgedrückt, er sei
ein nicht vollendetes Verbrechen; die vollendeten Verbrechen
seien aber entweder dolose oder kulpose; nun könne man aber
nichts vollenden, ohne es zuvor angefangen zu haben: also
gäbe es nicht bloss bei den dolosen, sondern auch bei den
kulposen Verbrechen einen Anfang, d. h. einen Versuch. Indess weder in der Theorie noch in der Gesetzgebung hat
diese Auffassung Aufnahme gefunden. Vielmehr gilt als allgemein anerkannt der Satz, dass ein kulposer Versuch, oder
der Versuch eines kulposen Verbrechens schon logisch unmöglich ist; denn das Wesen der culpa besteht in einem
Handeln ohne die richtige Vorstellung der Kausalität, während
der Versuch begrifflich gerade diese Vorstellung zur Voraussetzung hat.[2]) Versuchen bedeutet schon nach allgemeinem
Sprachgebrauch ein vorsätzliches Anfangen und in kriminalrechtlicher Hinsicht heisst versuchen, mit Vorsatz die Ausführung einer strafbaren Handlung beginnen. Deutlich spricht
dies auch der § 43 des R.-St.-G.-B.'s aus durch die Worte:
„Wer den Entschluss, ein Verbrechen oder Vergehen
zu verüben . . . ., bethätigt hat, ist, wenn das beabsichtigte Verbrechen oder Vergehen nicht zur Vollendung gekommen ist, wegen Versuchs zu bestrafen." Der Anfang
einer unvorsichtigen Handlung ist noch nicht der Versuch
irgend eines möglichen schlimmen Erfolges. Ja, es liesse
sich, solange der Erfolg noch nicht eingetreten ist, garnicht
die Qualität des versuchten fahrlässigen Delikts bestimmen.
beispielsweise: A legt zum Scherz ein geladenes Gewehr,
ohne sich vorher überzeugt zu haben, dass es geladen sei,
auf B an. Niemand vermag zu sagen, ob hier eine versuchte
fahrlässige Tötung oder nur eine versuchte fahrlässige Körper-

---

[1]) Comm. I. 2. S. 23. 24. Vgl. auch Winssinger, Respons. ad
quaest. quaenam sit differentia inter delicta dolosa et culposa? Bruxellis
(1824) p. 93 flg.

[2]) Schon bei Kleinschrod, System. Entw. I. § 36 findet sich
dieses Argument gegen die Annahme eines fahrlässigen Versuchs.

verletzung vorliegt. Erst die auf einen bestimmten Erfolg gerichtete Absicht verleiht dem Versuch des Delikts seinen Charakter.

Soviel steht fest, alle uns bekannten positiven Rechte haben den strafbaren Versuch stets in der angegebenen Weise aufgefasst. Was bezweckt also die Theorie mit der Konstruktion eines fahrlässigen Versuches?[1] Die Fälle kulposen Handelns, welche man unter den kriminalistischen Versuchsbegriff zu bringen sich bemüht, sind entweder bereits vollendete strafbare Handlungen, wie solche der 29. Abschnitt des Deutschen Strafgesetzbuches in grosser Zahl enthält, oder sie sind, wie das oben angeführte Beispiel[2] zeigt, ungeachtet ihrer Gefährlichkeit vom Gesetzgeber straflos gelassen worden. Versuchshandlungen im strafrechtlichen Sinne sind sie nicht.

§ 42.

Ebenso wie ein fahrlässiger Versuch nicht denkbar ist, ebenso wenig ist eine Teilnahme denkbar an einem fahrlässigen Vergehen, wie eine Teilnahme aus Fahrlässigkeit.[3] Alle diese Beziehungen setzen begrifflich ein vorsätzliches Handeln mit gewolltem Endzweck voraus, wäh-

---

[1] Neuerdings hat von Buri in seiner „Kausalität" (1885) Beilageheft zu Bd. XXXVI des Gerichtssaals, S. 135 wieder die Möglichkeit eines fahrlässigen Versuches gegen Janka und von Liszt zu erweisen versucht. Indess will von Buri selbst für das fahrlässig Geschehene im Falle sich der Erfolg nicht aus ihm ergeben hat, eine andere, dem Versuche entsprechende, aber der Verschiedenheit der fahrlässigen Schuld von der vorsätzlichen angemessene, Bezeichnung beilegen, d. h. aber mit andern Worten: ein fahrlässiger Versuch ist eine contradictio in adjecto.

[2] Es wäre sehr wohl denkbar, dass der Gesetzgeber das „unvorsichtige Umgehen mit Schusswaffen" ebenso mit Strafe bedrohte, wie das im Falle unvorsichtigen Umgehens mit Feuer (§ 368. N. 3—8 des R.-St.-G.-B.'s) geschieht.

[3] Vgl. Hälschner, Gem. deutsches Strafrecht, I. § 177, der die Möglichkeit eines fahrlässigen Mitwirkens und einer durch Fahrlässigkeit begründeten Mitschuld, wie dies bereits Tittmann (Handb. I. § 104) und Luden (Lehrb. S. 440) gethan, annimmt.

rend ja bei Fahrlässigkeitsvergehen, der Thäter den Erfolg,
um deswillen er bestraft wird, nicht gewollt hat.

Insbesondere setzt die Mitthäterschaft ein auf ausdrücklicher Verabredung oder ein auf stillschweigendem Ein-
verständnisse beruhendes Zusammenwirken, also Dolus der
einzelnen Mitthäter voraus. Es können wohl mehrere Personen neben einander bezüglich eines ohne ihren Willen eingetretenen Erfolges als fahrlässige Thäter zu erachten sein; [1]
von einer Mitthäterschaft im kriminalistischen Sinne oder
von einem fahrlässigen gemeinschaftlichen Handeln ist überall
nicht die Rede. Wenn daher zwei oder mehrere Personen
bei derselben Gelegenheit einen rechtswidrigen Erfolg herbeiführen, so ist eines jeden Schuld besonders zu beurteilen; [2]
dabei kann es sich herausstellen, dass entweder nur einer
von ihnen, oder dass alle fahrlässig, oder einige fahrlässig,
andere dolos gehandelt haben. Dass zwischen den Thätig-
keiten der einzelnen Mitwirkenden eine Verbindung resp. eine
Beziehung stattfand, ist gleichgültig. [3] Würde der Mangel an
Aufmerksamkeit in einem konkreten Falle auf Verabredung
beruhen, so läge ein vorsätzliches Unterlassen vor.

Was ferner die Anstiftung anlangt, so ist nach § 48
wesentlich die vorsätzliche Bestimmung eines anderen zu
der von ihm begangenen That. Daraus folgt, dass wenigstens nach dem Gesetz die kulpose Anstiftung zur Begehung

---

[1] Urteil des Reichsgerichts vom 5. Dezember 1883. Bd. X. S. 10. —
Bei dem Einsturze eines Hauses kann der Baumeister für den fehlerhaften
Bauplan, der Bauführer, resp. der Maurer- und Zimmermeister für fehlerhafte Ausführung des Bauplanes, der einzelne Bauarbeiter für fehlerhafte
Tagearbeit verantwortlich sein. Vgl. Schaper in v. Holtzendorffs Handbuch II. S. 183. N.; Stenglein, Zeitschrift für Gerichtspraxis in Deutschland, II. S. 278 u. VII. S. 115 und Rüdorff, Comm. zu § 222. N. 7.

[2] Dies giebt übrigens auch Hälschner. a. a. O. I. S. 442 zu,
gleichwohl hält er eine durch Fahrlässigkeit begründete Mitschuld für
unmöglich.

[3] v. Prittwitz, in Goltdammer's Archiv (1882) S. 146.

irgend eines Deliktes ausgeschlossen ist.[1]) Wenn Jemand fahrlässigerweise etwas sagt oder thut, wodurch er, ohne es zu wollen, bei einem Anderen den Entschluss zur Begehung eines Delikts hervorruft, so ist die Handlung jedes Einzelnen für sich zu beurteilen und inbezug auf Jeden zu prüfen, inwieweit seine Handlung als eine strafbar-fahrlässige zu betrachten sei[2]). Es ist allerdings denkbar, dass Jemand ohne verbrecherische Absicht durch sein fahrlässiges Verhalten einen Anderen zur Begehung einer strafbaren Handlung veranlasst, z. B. nach einer Jagd schiesst ein Jäger einen Lauf seines doppelläufigen geladenen Gewehres ab und äussert im Glauben, das Gewehr sei nunmehr völlig entladen, zu seinem Jagdgefährten, indem er das Gewehr an einen Baum lehnt: „nun kann es nicht mehr schaden!" Der arglose Gefährte legt das Gewehr zum Scherz auf einen anderen Schützen an: dasselbe entlädt sich, und der Schuss tötet den Schützen. Hier liegen nur zwei selbständige fahrlässige Delikte vor.[3]) Eine Anstiftung im Sinne des § 48 des Strafgesetzbuches würde eine Gemeinsamkeit der Absicht, dass die That begangen werde, voraussetzen[4]).

Lediglich als eine Ausnahme muss die Bestimmung des § 20 des Nachdrucksgesetzes vom 11. Juni 1870 gelten: „Wer vorsätzlich oder aus Fahrlässigkeit einen Anderen zur Veranstaltung eines Nachdruckes veranlasst, u. s. w., wird bestraft, mag dieser Andere vorsätzlich oder fahrlässig oder schuldlos gehandelt haben." Es liegt

---

[1]) Vgl. die stenographischen Berichte über die Verhandlungen des Reichstages des Norddeutschen Bundes, Session 1870. Bd. III. S. 54.

[2]) Nichts Anderes sagt der Art. 46 des Bair. G.-B.'s: „Wer durch Reden oder Handlungen unabsichtlich eines Anderen gesetzwidrigen Entschluss veranlasst, soll nach den Gesetzen über Fahrlässigkeit beurtheilt werden."

[3]) A. M. Stemann (Goltdammers Archiv, V. S. 52), der in diesem Falle nur ein fahrlässiges Delikt und zwar auf Seiten Desjenigen annimmt, welcher fahrlässigerweise den Erfolg verursacht hat.

[4]) Otto, Aphorismen zum allgemeinen Teile des Strafgesetzbuches, zu § 48. N. 1. 2. 5 u. v. Schwarze, Comm. (IV. Aufl.) S. 126. — A. M. Oppenhoff, Rüdorff und Olshausen in ihren Comm. zu § 48.

hier eine nicht korrekte Ausdrucksweise vor, durch welche
die logische Möglichkeit einer kulposen Anstiftung noch
nicht bewiesen wird[1]).

Ebensowenig wie eine kulpose Anstiftung zu einem dolosen oder kulposen Delikte, ebensowenig ist die dolose
Anstiftung zu einem kulposen Delikte möglich. Wer
z. B. einem Kranken zum Zwecke der Tötung durch dessen
Wärter statt der verordneten Medizin Gift reichen lässt, indem er den Wärter in einen Irrtum versetzt, macht sich
nicht der Anstiftung zur fahrlässigen Tötung, sondern der
dolosen Selbstbegehung der That schuldig. Er ist der
Mörder, der Wärter nur das Werkzeug.[2])

§ 43.

Nur eine scheinbare Ausnahme von der im § 48 enthaltenen Regel bildet die nach § 160 des R.-St.-G.-B.'s strafbare
Verleitung Jemandes zur Ableistung eines falschen
Eides oder einer falschen Versicherung an Eidesstatt (§ 160
d. R.-St.-G.-B.'s)[3]).

Es handelt sich hier um zwei selbständige Delikte.
von denen das eine ein doloses, das andere ein kulposes
sein kann; der Verleitende begeht einen Betrug, indem
er durch Vorspiegelung falscher oder durch Entstellung
oder Unterdrückung wahrer Thatsachen bei dem den Falscheid Leistenden einen Irrtum erregt oder unterhält, in welchem
der Verleitete etwas Unwahres für richtig hält.

[1]) A. M. Hälschner, Gem. Deutsch. Strafrecht. Bd. I. S. 394 und
Olshausen, Comm. zu § 48. N. 6.

[2]) Diese Entscheidung wird jetzt allgemein als richtig anerkannt
Vgl. Stemann a. a. O. S. 51; Hälschner a. a. O. I. 446 und Olshausen. Comm. zu § 48. N. 15: A. M. Rüdorff, III. Aufl. Comm.
zu § 47. N. 3. S. 184 u. die Entscheidung des Reichsgerichts v. 17. Jan. 1880.
(Bd. I. S. 146.) Darnach ist nicht nur der Auftraggeber bezüglich einer
verbotenen Vieheinfuhr als Thäter, sondern auch der als Werkzeug betrachtete Vermittler der Einfuhr wegen fahrlässiger Unkenntnis des Verbots
als Theilnehmer strafbar.

[3]) D. A. Dochow in v. Holtzendorff's Handb., III. S. 242 und
v. Liszt, Falsche Aussage, S. 195; a. M. Olshausen, Comm. zu § 160.

Da aber nach Reichsstrafrecht zum Thatbestande des Betruges noch die Absicht, sich oder einem Dritten einen rechtswidrigen Vermögensvorteil zu verschaffen, und ferner die Beschädigung des Vermögens eines Anderen gehört, so würde im gegebenen Falle die Anwendung des Betrugsparagraphen (§ 263 des R.-St.-G.-B.'s) ausgeschlossen sein. Wollte daher der Gesetzgeber auch den vorerwähnten Betrug strafen, so musste er ihn zu einem delictum sui generis erheben; eine Anstiftung im Sinne des § 48 des Strafgesetzbuches liegt aber nicht vor. Hierzu gehört das Wissen und Wollen des Angestifteten hinsichtlich der verübten That. Der § 160 des R.-Str.-G.-B.'s findet aber gerade dann Anwendung, wenn der Schwörende an die Wahrheit des von ihm Beschworenen glaubt. Freilich schliesst dieser Glaube die Möglichkeit eines fahrlässigen Meineides nicht aus.

Wusste der Schwörende um den Dolus des Anstifters und leistet er gleichwohl den Eid, so liegt ein wissentlicher Meineid und Anstiftung zu einem solchen, nicht zu einem fahrlässigen Meineide, vor.

§ 44.

Dasselbe, was von der kulposen Anstiftung, resp. von der Anstiftung zu einem kulposen Delikte gesagt ist, gilt auch von der Beihilfe. Sie ist nach § 49 des R.-St.-G.-B.'s weder fahrlässig begehbar noch bei einem fahrlässigen Delikte möglich.

Das Reichsgericht hat diese Sätze in dem Urteil vom 5. Dezbr. 1883 (I. Strafsenat, Entschd. Bd. X. S. 8) klar ausgesprochen. Es heisst daselbst: „Nach § 49 d. R.-St.-G.-B.'s wird als Gehilfe betraft, wer den Thäter zur Begehung des Verbrechens oder Vergehens durch Rat oder That wissentlich Hilfe geleistet hat. Damit ist nicht etwa ausgesprochen, dass er zu der äusseren Handlung des Thäters wissentlich Hilfe geleistet haben müsse, sondern dass er zu ihr als zu einer, ein Verbrechen oder Vergehen bildenden, Strafthat, sonach in Kenntnis der verbrecherischen Willensrichtung des

8*

Thäters, Hilfe geleistet haben müsse, dass er die That eines Anderen als eine, ein Verbrechen oder Vergehen bildende, Strafthat habe fördern wollen. Es muss hiernach die Willensrichtung des Hilfeleistenden auf die Entstehung des Verbrechens oder Vergehens gerichtet sein. Damit hat das Gesetz in deutlicher Weise zu erkennen gegeben, dass, soweit der Begriff einer Beihilfe in Frage komme, es nicht genüge, dass eine Handlung eines Anderen durch eine an sich wissentlich vorgenommene Handlung eine Förderung erfahren habe, sondern dass der Fördernde mit dem Willen gehandelt haben müsse, ein Verbrechen oder Vergehen zu fördern. Eine solche bewusste und gewollte Förderung einer Strafthat liegt aber bei demjenigen nicht vor, welcher das, was eine Strafbarkeit begründet, nicht gewollt, daher dann nicht, wenn er nur eine an sich straflose Handlung eines Anderen fördern wollte, diese aber einen nicht beabsichtigten Erfolg herbeiführt, dessen Eintritt erst eine Strafbarkeit für einen Anderen begründet. Das geltende Strafgesetz stellt hiernach eine strafbare Beihilfe zu einem blossen Fahrlässigkeitsvergehen nicht auf." [1]

Wenn daher Jemand dem Urheber eines vorsätzlichen oder fahrlässigen Delikts fahrlässigerweise Hilfe leistet oder ihm fahrlässigerweise die Mittel zur Verübung gewährt, z. B. durch unvorsichtiges Stehenlassen eines geladenen Gewehrs, mit welchem ein Anderer eine Tötung bewirkt, so kann wohl eine fahrlässige Thäterschaft übrig bleiben, nicht aber eine fahrlässige Beihilfe.

Eine vorsätzliche Beihilfe zu einem fahrlässigen Delikt ist nicht denkbar, da die Beihilfe begrifflich erst eintritt, wenn das Delikt als ein seitens des Thäters beschlossenes, also vorsätzliches vorliegt. Andernfalls läge

---

[1] Insbesondere kann aus dem Umstande, dass zur Bestrafung als Gehilfe die Kenntnis desjenigen, welchem Hilfe geleistet wird, von der Hilfeleistung nicht erforderlich ist, ein berechtigter Schluss darauf, dass das geltende Strafgesetz eine strafbare Beihilfe zu einem Fahrlässigkeitsvergehen aufstelle, nicht gezogen werden.

keine Beihilfe, sondern Thäterschaft vor. Der eigentliche Thäter wäre wieder nur das Mittel.

Wenn daher der Gesetzgeber in gewissen Fällen Handlungen, welche leicht zur Förderung eines Verbrechens dienen können, wie z. B. den Verkauf von Gift, von Nachschlüsseln (§ 367. N. 3, § 369 N. 1 des St.-G.-B.'s), zu selbständigen Delikten erhoben und als Übertretungen mit Strafe bedroht hat, so kann man hierin nicht etwa Formen strafbarer kulposer Beihilfe erblicken.

Endlich erfordert auch der Begriff der Begünstigung nach § 257 des St.-G.-B.'s: „Wer .... wissentlich dem Thäter oder Teilnehmer Beistand leistet, um denselben etc. etc. ist mit Gefängnis zu bestrafen“ — Dolus. Aber nicht nur die positivrechtliche, sondern auch die begriffliche Möglichkeit einer fahrlässigen Begünstigung ist zu verneinen.[1]

Zwar kann durch Fahrlässigkeit bei allen Formen der Teilnahme ein Effekt erzielt werden, welcher dem durch Vorsatz verübten gleichkommt. Allein der Sprachgebrauch im Allgemeinen, wie auch der kriminalrechtliche im Besonderen, verbindet nun einmal mit dem Begriffe Begünstigung den Sinn einer wissentlichen Beistandleistung. Und an dieser Thatsache lässt sich durch Dialektik nichts ändern.

---

[1] A. M. von Buri und Meyer, S. 239.